ORANGE OCEAN STRATEGY

COMPETITIVE STRATEGY OF LIMITED RESOURCES IN ENTERPRISES

橙海战略

企业有限资源竞争战略

赵明 著

企业管理出版社
ENTERPRISE MANAGEMENT PUBLISHING HOUSE

图书在版编目（CIP）数据

橙海战略：企业有限资源竞争战略 / 赵明著. --
北京：企业管理出版社, 2019.8
ISBN 978-7-5164-2006-5

Ⅰ. ①橙… Ⅱ. ①赵… Ⅲ. ①企业竞争—竞争战略—
研究 Ⅳ. ①F271.3

中国版本图书馆CIP数据核字(2019)第177252号

书　　名：橙海战略：企业有限资源竞争战略
作　　者：赵明
选题策划：周灵均
责任编辑：周灵均
书　　号：ISBN 978-7-5164-2006-5
出版发行：企业管理出版社
地　　址：北京市海淀区紫竹院南路17号　　邮编：100048
网　　址：http://www.emph.cn
电　　话：编辑部（010）68456991　发行部（010）68701073
电子信箱：emph003@sina.cn
印　　刷：北京世纪恒宇印刷有限公司
经　　销：新华书店
规　　格：170毫米×240毫米　　16开本　　14.75印张　　200千字
版　　次：2019年8月第1版　　2019年8月第1次印刷
定　　价：66.00元

序一
勇于探索，推陈出新

很高兴成为《橙海战略——企业有限资源竞争战略》书稿最早一批读者。在此书正式付梓前，我有幸先睹为快并不揣冒昧提出自己的一些浅见，获作者慨然采纳，这种谦虚谨慎的学术品格令我钦佩，也乐于为其作序。

“蓝海战略”理论问世后，颇使业界学界为之一振。其见识别开生面，其探索独辟蹊径，启迪学者，惠及商家。但是，举凡市场营销竞争理论，向来莫衷一是。这恐怕既是理论探索的特点，也是商战实践的本色。世上没有终极理论，实践总是呼唤推陈出新。赵明先生的《橙海战略——企业有限资源竞争战略》一书，就是不倦探寻的硕果。

赵明先生是以营销咨询为本业的。听过他演讲、接受他咨询辅导的企业家对其不吝称赞，盖因其提供的那一套建议实效适用，有助于企业开拓市场，有助于企业营销团队增长才干。他在其基础之上撰写的《橙海战略——企业有限资源竞争战略》一书所概括的理论和对策经得起时间的检验。

《橙海战略——企业有限资源竞争战略》一书的一个鲜明特点是生动风趣，案例鲜活，一扫这类书籍常见的枯燥说教和术语堆砌。我以为，能在讲故事中把道理说明的，可以视之为营销培训中的行家里手。但是，本书旨趣显然不在于对一般营销理论观点的通俗解读，而是站在哲学高度上对这一领域的理论和实践进行新的提升。赵明先生提出“橙海战略”，无意在“红海战略”与“蓝海战略”之间寻求折中，补苴罅漏，而要立足“红”“蓝”之上，从竞争资源的优化利用中，从竞争智慧的升华中，去探求竞争中的原动力，即超乎平面上两个维度的较量，而是向上、向内寻求突破，选择一个新维度进行创新。本书许多深刻的哲学感悟和逻辑归纳，正是作者在营销理论深化创新方面所做努力的展示与体现。

《橙海战略——企业有限资源竞争战略》一书不经意间反映出作者与其长期服务的农牧产品生产和营销企业之间亲密无间的关系，从中可以发现，正是这种休戚与共和精诚合作，为本书提供了丰富的理论营养。我们不妨把本书视为这种长期磨合、良性互动、反复试错、去芜存菁的合作博弈的思想结晶。唯其如此，更彰显理论的现实品格与生活根基。

当然，作为一种深刻的营销理论不应局限于狭隘的经验。他山之石，可以攻玉。重视理论传承，吸纳国内外优秀理论成果，是学术著作登堂入室的基础。恰好这也正是《橙海战略——企业有限资源竞争战略》一书的特点，书中引证借鉴不少名家的精湛观点。近年来引进“定位理论”，此理论在国内外广受青睐，也被作者在书中多所征引，活化妙用。

本书保留作者多年来浸润于大农业产品营销培训讲演录的鲜明特色，但无可否认的是，书中阐述的理论、战略、对策具有普适性，对于从事其他事业的读者，也会开卷有益，多所启发。

我因曾经从事与大农业有密切关系的粮食工作，可谓与作者有“缘”，同时又因在中国市场学会工作粗涉营销理论，而与本书立论相关。故此，欣然奉读并勉为作序。

中国市场学会资深会长　高铁生

二〇一九年五月

序二
万里无云万里天

世界永远精彩纷呈，商海也总是色彩斑斓。于商海中搏击风浪本就是头角峥嵘者的偏好，然而多数志士仁人却难免困陷于“红海”之中历尽跌宕浮沉；至于“蓝海”之浩淼柔波，似乎只有独立航向的孤影小舟方能畅游其中。而今好友赵明先生为业界所奉之《橙海战略——企业有限资源竞争战略》，行起缓引蓄势，精于运筹资源，智在聚续要点；于红、蓝之上“竖”起一片橙色海域，实为斑斓商海新添了一抹亮色，为农牧行业注入了新的生机与智慧，深乎辅音国际“辅农牧企业，奏发展强音”的立世初衷。

改革开放四十年来，中国饲料工业近乎从零开始，到 2013 年产量 1.9 亿吨的世界第一饲料消费大国。畜牧工作者们紧跟时代经济脉搏，幸运地把握住了这一中国经济飞速发展的历史时机，经过近 30 年的不懈努力，创造了令世人瞩目的辉煌成就。然而大势唯变不变，随着世界经济增速放缓，多方金融资本争相饕餮中国经济，国际金融资本间的较量也已经上升到国与国之间的博弈，加之国内外市场竞争的日益白热化，中小型企业的生存环境变得险象环生。近些年来，在诸多因素影响下 CPI 的持续攀升，也给生产制造业带来了巨大压力，如果此时企业背负着不良付利融资或是资产流转缓滞，那么结果就是企业表面光鲜的经营业绩，将不足以使其持续健康发展。同时，农牧企业身处第一产业之中，还面临着环境污染治理和食品安全的考验，我们面对市场和政策变化稍有迟疑，农牧企业将会付出沉重代价，甚至步入深渊。故此“转型”也成为了继“模式”之后的又一行业热词！

“若神不在，一切皆无”，柏拉图所说之“神”，于《橙海战略——企业有限资源竞争战略》之中则为势，欲为“转型”，先行蓄势。《孙子兵法》也在排兵布阵时讲到“其疾如风，其徐如林，侵掠如火，不动如山”。风林火山所强调的也是势，欲起兵戈，无势勿动。赵明先生浸淫农牧行业三十余载，深谙借势、造势之道，著本书将会给好悟者新的启示。

此外，由于目前广大居民消费能力，以及畜禽养殖环境承载能力的限制，短时期内饲料市场的总量不会再增长；而行业内部各企业间的产品与销售模式同质化，也使得市场竞争日趋激烈；行业整合速度逐步加快，市场各环节资源也在被各集团化企业迅速分食；养殖结构的变化迫使企业在产品定位、资源配置、营销架构方面进行重新调整；企业各系统的打造、总成本领先和资本运作，已经成为了企业快速发展的核心竞争力和必要条件。赵明先生在书中通过对企业内外部资源的激活、整合、优化的讲述，为企业描绘了一条发展之路。

面对市场竞争压力与行业变革，一些企业总是喜欢复制所谓的成功者，但一有过犹不及，二有邯郸学步，三有照猫画虎，四有缘木求鱼，五有南辕北辙——行业内竞争手段光怪陆离，经营模式纷繁驳杂。了解从不代表知道，知道也不一定是悟道，悟道也不见得已得道，得道也不见得能做到，即便一地做到了，也不能保证全地域都能做到。自古以来论道者甚众，布道者甚广，得道者寥寥。即便同为大道，儒释道、墨法兵，不临实境又怎样辨别孰优孰劣。世界上没有两个不同的物种会采用相同的生存方式，也不会有两个伟大的企业拥有同样的“血清”和“DNA”。更何况橘生淮南则为橘，生于淮北则为枳，不同的地域水土会生成不同的结果。深入了解自己远比探求他人更有价值。围绕自身优点打造优势，再围绕优势逐层推进，就会是自己最好的发展模式。用利润分配模式的改变驱动营销模式的变革，用产品结构、人员结构、客户结构、组织结构的调整驱动经营模式的变革，一个崭新的局面便会展现在企业面前。

世人每临危厄都期待着救世主降临解困，每临困惑都期待智者高人醍醐灌顶，但耶稣最终被世俗的凡人钉在了十字架上，苏格拉底被民众民主地杀戮在刑场，孔圣人弟子三千而达者也仅有七十二人。真正的企业家虽然不需要救世主，但也会欢迎真诚的伙伴能够互助共勉，共襄盛举。

“千江有水千江月，万里无云万里天”——最后借用宋代《嘉泰普灯录》中的佛教偈语送给品读《橙海战略——企业有限资源竞争战略》的业界诸贤。

禾丰牧业股份有限公司董事长　金卫东

二〇一九年五月

序三
橙海战略，可持续落地的战略

不是“蓝海战略”，也不是“红海战略”，而是“橙海战略”！

橙海战略是一种全新的战略思维，这是我的好朋友——赵明老师，用30年营销与管理实践总结出来的落地战略方法。

我们常说的蓝海战略，是指在商业竞争市场发现“无人区”——没有竞争的空白市场。在市场发展早期，这种寻找空白市场的思维是可行的，但到了市场发展的成熟期，几乎每个竞争领域都有对手存在，所有的山头都有敌人，此时再想发现空白市场就变得更加困难。

所以我对蓝海战略的评价是：很有名，难落地。

蓝海战略走不通后，中国企业家不得不走向另一条路——红海战略：在竞争白热化的市场寻找突破点。红海战略无论如何努力，发展到最后的结局就是降价，把中国企业导入到低价、低质竞争的恶性循环不归路。这就是为什么大量中国企业在某个阶段靠价格竞争获得了阶段性成果，却最终走向没落的真实原因。

这个世界上没有人真正喜欢低价，人们只喜欢讨价还价，如果你把低价作为核心竞争力，就注定丧失高质量服务客户的能力。

对多数中国企业来说，现在的市场既不是“蓝海”也不是“红海”，而是苦海！苦海中是否有一种战略让我们活下来？我觉得是有的。我们常说，苦海无边，回头是岸。在苦海中，其实转身就是岸，若此岸更有价值又何必过河！这是一种宏大的智慧。

为什么蓝海战略在竞争中难以落地呢？因为它仅局限在一个平面上思考。这就如我们经常在电影中见到的场景：在一个漆黑的夜晚，有一户人家进了小偷，主人听到响声后，起身到屋里前前后后搜寻，找了个遍，却没有发现人影，于是就转身回去休息了。这时侯电影的镜头会切换到天花板上，一个盗贼正静悄悄地贴在屋顶。主人没有发现盗贼，皆因他只是“前前后后”地搜索，没有“上上下下”地寻找，“前前后后”只在一个平面，“上上下下”则上升了一个维度，这就是竞争中的多维度智慧。

橙海战略就是这样一种立体的思考方式，更是一种系统的竞争战略！

我和赵明老师就他的橙海战略有过长谈，也听过他发布在“商道问路”上的课程——“橙海战略三十六讲”，系统、实用，是本土化竞争战略的重大突破。

橙海战略是一种多维度、系统的战略模型，它告诉我们如何在更多维度上突破瓶颈。就如马路上的交通拥堵不堪，但只要你抬头向上看，就会发现上方天空广阔无垠，而你只需给汽车加上翅膀，就能畅行无阻。

赵明老师用三种“势”系统地构建了他的竞争战略框架，包含“外部的趋势”“比较的优势”和“内在的气势”，这是一种立体战略思维方式。在战略的落地上，他提出了三个点——“切入点”“突破点”和“引爆点”，并总结了六个要素——“激活资源”“整合资源”“优化资源”“定位”“聚焦”和“人才培养体系”，这些都是构建战略落地的基本方法，也是一种有效的执行策略。

橙海战略是赵明老师在农业行业营销与管理探索的结晶，如今他将这些都无私奉献给社会，令人钦佩。这本书不仅有深度，还很精彩，对于企业管理和个人提升都有很好的学习和实践价值，值得一读！

切割营销理论创始人

北京赞伯营销管理咨询有限公司董事长　路长全

二〇一九年五月

自序

谈战略必谈愿景、使命与盈利模式，有些人一谈到愿景和使命就觉得很虚，认为没有太大必要，谈盈利模式就觉得很实在，还标榜自己是个务实的人，只会干实事，这套理论听起来很有道理，其实犯了一个致命的错误：所有没有愿景和使命的盈利模式都会局限于财务核算模式，往往是不可持续的，这种不可持续性在短期还无法表现，使得一些人在自以为务实的道路上越滑越远。愿景就是现在流行的“初心”，不忘初心，方得始终，代表创业者到底想做成一个什么样的企业；使命是为什么要成为这样一个企业，是愿景背后的强大驱动力，有使命的企业才会坚信，才会坚持，因为相信，所以看见。

盈利模式是怎样成为这样一个企业，拥有什么样的资源，选择什么样的路径，采取什么样的策略。财务核算和盈利模式是完全不同的两种模式，财务核算赚钱不代表盈利模式赚钱，就好像赌博，今天赚钱了，但不代表赌博这个模式是赚钱的。众所周知，十赌九输，除非你出“老千”，这属于不正当竞争，是违法犯罪。所以，只有以开赌场为生而发达的人，没有以赌博为生而发财的人。

经营不善的企业表面上都是财务问题，实质上都不是财务问题，因为财务是果，而不是因。愿景是企业经营的方向，但更是一种约束。没有愿景的企业等同于失去约束，就会经常因各种微不足道的诱惑而改变，开始付出各种机会成本，“坚定的选择，成本最低”就是最真切的感悟。这一点是很多企业家未能领悟的，我在为客户做战略咨询时，一直试图先让企业家们发自内心敬畏企业愿景与使命，这样更有利于建立有效盈利模式并能够贯彻到底。

有效的战略都是简单的，因为真正的战略都是做减法。企业在发展过程中都会带入很多功利性的残渣，这是正常的，不正常的是多数人视残渣为蜜糖，且不能自拔。就像一个人，春节期间体重增加是正常的，毕竟能够在春节期间坚持体重不变的人是极其自律的人，就像一个企业家能够在极度诱惑时不动摇，这样的人皆属于极品；不正常的是，春节后未能将体重降下去，这在战略上就要懂得放弃，做体重的减法，否则，“三高”必然光临。

战略分析工具我相信大家都耳熟能详，三观分析、PEST、五力模型等，我不再赘言，我只想和各位谈谈企业“三势”——趋势、优势、气势对于战略分析的重要性。

（1）趋势，必须理解国家战略，我说的是理解，不是了解。3 年前我预测城镇化进程会趋缓，农村一定要发展成为城市后花园，与当下的很多专家意见相左，我无意自吹自擂，只是站在政治高地去理解国家政策。我生在农村，身在城市，一直担心过度城镇化对于农村和城市的双重伤害，一方面让农村凋零，另一方面让城市不堪重负，二者都直接造成人民幸福指数的下降。如何才能逆城镇化？强行是做不到的，只能运用资源的强大吸引力，所以政府就一定会向农村配置优势资源。资源在哪里，机会就在哪里，这就是趋势。一旦明确了这个趋势，企业就应该推动这一趋势，找准切入点。顺势而为既是借势更是推波助澜，只借不推，势必消减，所以伟大的企业家都是推动历史进步的，只想坐享其成，或许可以发展，只能借点余风而已。

（2）优势决定企业何处突破。优势能否发挥作用，并不完全取决于优势本身，而取决于将优势用于何处。几乎所有的优势都是比较优势，即使在某一阶段具有绝对性，但终会改变。有些人才华横溢却一事无成，就应了这个道理，要么迷失方向，要么误判了优势。有一些企业，无论技术和产品都具有强大的优势，但企业经营平平淡淡，甚至举步维艰，皆因未能选择优势来突破。优势本身并不能转化成业绩，这是很多技术思维的专家难以接受的，优势只是选择突破点的依据，是否能够突破，却取决于气势。

（3）气势决定企业何时腾飞。要腾飞先突破，只有突破瓶颈，才有飞翔空间。气势从哪里来？来源于企业愿景和使命！我们又回到了战略原点。所以造势者未必皆有势，红旗招展下未必有雄师，为什么？势不同于热闹，场面壮观也有可能是闹剧，只有以文化做支撑的造势才能势如破竹。

以上“三势”互为作用，缺一不可，离开“三势”的战略会显得很呆板，在后续的战略设计和实施环节我们将紧扣“三势”做具体分享。

赵明

二〇一九年八月

前言

战略的基本定义就是设计用来开发核心竞争力、获取竞争优势的一系列综合的、协调的约定和行动。企业战略的重要性已经深入人心，但在实施战略的路上却总容易迷失。失败的企业总是试图以百倍的努力掩盖战略失误，成功的企业只一贯以正确的战略呼唤千军万马。这些年人们习惯于将激烈、无序、无底线的竞争称之为“红海”，并不约而同地期待一种“不战而胜”的“蓝海战略”。蓝海战略曾唤醒很多企业，那些深陷“红海”苦苦挣扎的企业家们就像久旱逢甘霖，可以说，蓝海战略对商界做出了卓越的贡献，但同时也为商界带来新的困惑：“蓝海”不仅遥远（难以看见），而且遥远（难以到达）。在“红海”和“蓝海”之间，并非非“红”即“蓝”，我们不愿意看到大多数企业死在走向“蓝海”的路上，颠覆式的变革总是很血腥，不是所有的血腥都会盛开胜利之花，竞争生态逐渐恶化，竞争维度正在演变，在“红海”与“蓝海”之上，有一片智慧之海、资源之海，那就是美丽的“橙海”。畅游“橙海”：我们会变得更加妩媚，也更加坚强。

橙海战略，是以资源激活、资源整合与资源优化为核心的资源竞争战略，是在产品同质化、技术空心化状态下企业逐步建立的一种综合竞争能力，是为众多中小企业谋求生存与发展的、基于对资源最大化分享的一种共生战略。

编者

二〇一九年八日

目录

第三篇　整合势不可当的引爆点

第一篇

找到企业一剑封喉的切入点

第一章

新时代企业竞争难点解析

20 世纪 90 年代一首热歌《走进新时代》，一眨眼我们就真的走进了新时代，走近之后，心情不完全是激动，还有忐忑不安，因为变化太快，快到让人窒息。以前是一年一点变化，现在是一天一个变化，爆炸性新闻、黑天鹅事件，这在以前都是当年夜饭吃的，现在成了家常便饭，新时代变成新常态。

“新常态”这个词很有韵味，一方面告知我们处在一个新的经常性状态，一方面提醒我们对一切新的变化要保持习以为常的心态。我觉得企业按照第二种解释去思考更有利于企业调整战略。

何为新常态，没有标准解读。三年前我试图用“三多”去演绎，从目前看是有价值的，对企业竞争有现实指导意义。“三多”即多元、多变、多事。

多元理解为需求多元化。社会经济的快速发展将中国推向一个新时代：GDP 总量世界第二，即将完全摆脱贫困，有钱人多了，形成一个庞大的消费阶层和精英阶层，这个阶层已经脱离基本物质的制约，开始追求并尝试更加丰富的物质生活和精神生活，需求从简单到复杂，从共性到个性，从物质到精神，甚至变得扑朔迷离。这对企业而言，既带来难点，也带来机遇。难点是因为创新与个性化，你若不变则客户可能瞬间消失，如乐凯、诺基亚忽然就倒闭了。机会也是因为创新与个性化，你满足了这些变化的需求，则客户瞬间集聚，推着你走，如淘宝、京东。所以需求多元化，会反向要求满足客户需求的产品与方式多元化。

举个简单的例子，邀请你们到我家做客，如果是以前，我一定是泡上一壶茶，每人倒上一杯，至于你喜欢不喜欢，我不会太放在心上，因为茶是用来解渴的。现在茶已基本脱离解渴的属性，成了个人嗜好，健康的需求，甚至身份的象征，绿茶、红茶、普洱茶，各有所爱，品牌、工艺、原产地，各有所喜，怎么办？我会根据每个人的特点，敬上一杯茶。这个说起来容易，做起来并不简单。首先家里必须备有多种多样的茶叶，要有不同的泡茶工具，不同的容器，不同的水，还得懂一些泡茶的技巧，重要的是，要能对这些茶的特点、文化说出个所以然来。为什么需要这些？这就是价值传递多元化，否则即使你泡了各种个性化的茶，若不能彰显文化与艺术，谁能真正体会茶以及茶叶背后所蕴含的价值？

多变体现在不可预测。不可预测是这个时代让人既爱又恨的情怀。不可预测可以创造神话，也可能是万丈深渊。因为传统事物的发展规律被打破了。30 年来很多企业倒闭就是以不变应万变的思维，或者以经验和教训指导企业经营管理，但现实却让很多经验丰富的人晕头转向，过去奉为神明的很多经营理论与管理曲线失效了。十数年前，一些股评家自以为掌握了股市真谛发明了若干曲线，最后发现所有神线与现实中的这条实线大相径庭，反而是一些逆向操作者跑赢大盘。

多变本身并不可怕，拒绝或者轻视多变才是失败的根源。20 世纪 80 年代兴起的很多乡镇企业后来纷纷倒闭，这些创业者是那个年代最有胆识、最有活力、最能拼命的一群人，遗憾的是，在经营管理中进入了惯性通道，迷信市场，鄙视风险，以为顺风顺水是一种常态，却在阴沟里翻了船。

多变不仅表现为多，更表现为快。我们感叹：这个时代变化太快了，快到无法决策。这是很多企业家的心声。企业好不容易形成一项决策，到实施时，发现实施的基本要素已经改变。这个时代已不是“智者千虑必有一失”，而是“智者千虑，必失一局”。我们不得不发出“快速决策比决策本身更重要”的呐喊。

有个词叫“多事之秋”，说的正是现在。古语“两耳不闻窗外事，一心只读圣贤书”，换做今日，读书人可能就成了悲剧了。你会发现十年寒窗后，文不对题，试卷变了。多事的根本表现就是发现你无法置身事外，外部的变化独立于我们而存在，一直改变我们的经营环境。大润发董事黄明端不得不低头：“我赢了所有竞争对手，却输给了时代！”令人心酸至极。

基于多元、多变、多事，新时代企业竞争就不得不面临以下几个特点：

第一，企业战略制定更复杂、更系统，复杂在于变数，系统在于预案以及启动预案的时机与标准。近期美国发动贸易战，对很多企业影响是巨大的，不仅是出口企业，同样包括进口企业，对有些企业不是 0.5 的问题，而是要么是 1，要么是 0。

第二，对企业决策人的要求更高：敏感与应变，缺一不可。以前是打固定靶，现在是打飞靶，如果我们还是习惯于趴在那里瞄准，可能还没等你看到靶子，游戏就结束了。

第三，决策人要有决断力。当颠覆行业的征兆一旦出现，要舍得放弃固有的坛坛罐罐，提前转型。行业被颠覆后一定会出现新的行业生态，这恰是我们应该布局的，提前布局，更容易踏准节奏，收获机会利润。新时代加上互联网更是演绎了企业界生死时速，欲借尸还魂者魂飞魄散，断臂求生者展翅高飞。

以上这些特点，对于已经小有成就的企业家更是挑战，思维的羁绊是致命的制约因素，年轻化在如今这个时代显得更有价值。

第二章

企业战略现状与困境

战略这个东西，是很容易拿来装门面的，就好像上衣的第一粒扣子，没有觉得不妥，但真正扣上的却寥寥无几，一般也只在需要打领带的时候。当然，当一个企业感觉需要打领带的时候，这个企业大约开始起飞了。

企业战略普遍存在以下几个误区：第一，误以为经营目标就是战略目标。和一些企业董事长沟通，对经营目标津津乐道，如果问他：为什么是这样的目标？多数认为是竞争的需要，这是制定战略最容易犯下的错误，企业战略目标一定是基于行业发展趋势与资源配置，和竞争没有直接关系，只有在完成经营目标的具体战术时，才会考量竞争。赢了竞争，死于趋势的悲剧屡见不鲜。第二，误以为战略是制度。战略制定后就以为每个人会遵守，然后用战略目标来考核，很少有企业对战略进行持续的宣传贯彻。战略最重要的价值不是保持边界，而是还需要保持一致。走在人行道上不是战略价值，行人靠右走人行道才是战略的价值。第三，误以为战略是固化的，是一成不变的。我们一直倡议，战略研讨会每年至少要召开 1~2 次，董事长们也认为战略应该坚定、坚持，定了就不要随便改，往往这些“大咖”们并不能体悟这句话的关键字是“随便”，不是“改”。事实上，我们强调：

坚持的是方向，坚定的是价值观，而战略路径必须进行阶段性微调，方向不变不代表路径也不能变，前面有条沟是允许绕行的。第四，误以为战略目标必须是数据化的。这个概念误导了很多企业，企业愿景从来就是企业未来的景象，是图像，不是表格。只有阶段性战略涉及经营目标时才有表格。第五，误以为战略是廉价的许诺。殊不知，战略与使命密不可分，当战略失去使命感，企业也就不存在所谓使命，员工就成了赚钱的机器，失去自动自发功能。第六，误以为大企业一定比小企业更需要战略。船小好调头，是基于灵活性，但企业的目标是发展，不是为了掉头，虽然好掉头，但应该制定战略确保不掉头或者少掉头。有一次去成都机场，送我的是个退伍军人，在部队就是司机，技术好，车也好，路也熟，只要看到有点拥挤就掉头，一直在掉头，感觉他不是要送我去机场，而是要让我充分享受掉头的乐趣，最后果然误机了。其实很多中小企业就是这样折腾致死的。

“大企业难，小企业懒”是当下企业战略困境之一。难在哪里？难舍难分。大企业因为危机感不强，层级多了，感受不到外部的寒冷，战略模糊、利益纠缠、权力纠结、责任不清，导致发现问题比别人晚，决策比别人慢，行动比别人迟。其实大船在合理间距下同样可以灵活掉头，而往往都是船头抵到岸才想起掉头，又舍不得破坏岸，又不懂得退让，自然憋死在沙场。小企业懒，懒在哪里？懒在随意、随性。你和他谈战略，他和你谈目标；你和他谈目标，他和你谈绝招。如果不能立竿见影，他宁可陪你喝茶，所以请我吃饭、喝茶的董事长很多。有些小企业只要咨询公司谈战略设计超过一年，对方一觉得太漫长，二认为你想推脱责任，而从战略角度，一年其实已经很短，短到够不上战略的肩膀。2009 年我应邀参与一家企业的战略规划，地点就选择在大觉寺，闭门研讨三天，让心静下来，静而能定，定生智慧，人“定”胜天，这一次的战略调整直到今天来看都具有重要价值，这与董事长的决心是分不开的。

战略困境之二，是企业执行层不断质疑战略，还美其名曰“民主”。“看不见的东西影响未来”与“因为相信，所以看见”，这两句话道出制定战略的心路历程，所以，战略只有工具，没有公式，真理一定是掌握在少数人手里，执行层最应该做的，是用百倍的努力来证明企业战略是对的。执行层质疑一般有三种用心：一是害怕麻烦，战略实施需要一鼓作气，工作量会加大；二是害怕失败，因为战略落地需要方案支撑，具体战术需要探索，探索就有风险；三是害怕担责，一般之前都有立下军令状，不能达成阶段性目标是要负责任的。质疑者有没有真的关心战略成败的？有，极少。多数人对战略的质疑基于为未来的失败提前布局借口，若真的不理想，这些人就会跳出来说“我早就认为不行吧”，然后一副无辜的样子，继续寻找新的借口。这是企业发展大忌。执行力弱的罪魁祸首就是层级要素错位：决策层过度关注动作细节，执行层捕风捉影臆测企业发展方向。

战略困境之三，是利益改变了能力。按照最初的战略设计，实施方案是得到各项资源保障的，甚至还有战略储备，但在实施过程中却因为一些人的短期利益观导致局部进度缺失，进而影响全局。现实就是这样残酷，企业里虽然没有血雨腥风，但是怠工、拖延、推诿却无处不在。

战略困境之四，是企业缺乏制定战略的系统技术指导。关于战略的书籍和案例很多，主要突出了工具性，且这些工具并没有形成套餐，不同工具的使用有时还引起理念冲突，换言之，同样的要素、不同的工具可能得出不同的战略设计。

这些困境都是客观存在的，在辅音发展过程中也同样受此掣肘，基于此，我认为战略不仅需要思维模式，更需要系统方法与工具，而且应该简易可行，我经过多年的思考和探索，并以多年从事咨询的经历做铺垫，建立了一套系统化战略模型——橙海战略，希望能够帮助一些企业摆脱困境，当然也为了帮助自己。

第三章

橙海战略模型到底是什么

企业一般都会设定三年、五年、十年发展战略，这是企业通用的中、短、长三期发展战略定势，为什么要这样设定却很少有人思考。当战略成为一种形式，制定战略本身就失去指导价值。我们为什么要制定战略？制定战略到底想达到什么目的？要充分认识到，制定战略不应是划分时间段，应该是划分成长阶段，或者说，是将企业生命周期前置为战略目标，这样思考的时候，就会豁然开朗。企业发展必然经过三个阶段：创业期、成长期、成熟期。三期都好理解，但难以落地的是，这三期的标准是什么？三期之间如何平稳转换？虽然在不同时期都明确了经营与管理要点，但如何将经营指导管理、管理服务经营贯穿到企业实际工作中，总感觉缺少一点什么。

在研究企业发展过程中发现，成功的企业和失败的企业，区别仅在于发展过程中做对或者做错几个关键点的选择。特别是一些失败的企业，在失败之前或许曾经辉煌，之后经历一段赌博心理期，然后轰然倒塌。著名作家柳青在《创业史》里写道：“人生的道路虽然漫长，但要紧处常常只有几步，特别是当人年轻的时候。”这是曾经激励我们这一代人的名言，今天对企业仍有警示作用：我们必须把握关键点。

什么是关键点？我喜欢看军事频道，以前经常报道有某国航空母舰到某国海域耀武扬威，我就想怎样才能将这玩意儿击沉，发现击沉这个东西不太容易。航空母舰靠近外侧及底部均有水密仓，航母的水密仓如蜂格状，就是小时候经常捅的那个马蜂窝，相互并不连通，而且每个单体密封仓均可承受一定压力，所以即使有几个水密仓被击破了，水也不会灌进去。水密仓内有一定压力的气体，其气体可以灭火，而且密封仓内壁上的东西在密封仓破裂后跟海水反应会生成跟泡沫似的填充物，阻止海水进来。意思就是说，将它敲掉一块也没啥用，它照样横行霸道。

是不是就束手无策了？不！航母最容易遭攻击的地方是甲板，但甲板绝不是普通钢材，其抗冲击及破坏能力极强，厚度也有几十厘米，想破坏也不是易事。航母的主体构架非常坚固，想要把航母解体，必须做到：①击中要害部分；②击穿；③在核心位置爆炸，最重要的是弹药量必须有相当的摧毁能力才能办到。

当我了解这些资料以后，联想到辅音国际及一些老同事创办的企业发展历程，感慨万千。企业从创业到成就一样要经历这三大关键点：击中要害部分，必须击穿，在核心位置爆炸。我将之定义为：切入点、突破点、引爆点。

如何准确并通俗易懂地来表述这三个关键点，我想到了数学坐标图，按图索骥，一目了然。因为点一定有交叉，企业成长由经营与管理双重作用，经营与管理是否匹配与同频，决定企业是否健康快速成长，就像走路，两条腿前后相依，步子太小，扭捏作态，步子太大，容易摔跤。以经营为横坐标，以管理为纵坐标，一个草图就这样生成。

那么切入点、突破点、引爆点各由哪两个要素构成？我首先想，企业经营关键点到底是什么？企业都会有很多问题，且在不同发展阶段，在不同历史时期，问题都会不同，但我坚信，总会有关键问题，而且应该有个关键节点。这些年我一直在研究企业战略，也和很多成功企业家沟通，发现企业很容易犯下的第一个错误，就是定位模糊。企业一般都会制定目标，无论短期、中期或长期，即使单调，从来不缺。目标代表方向，阶段性目标代表阶段性终点，那么定位是什么？定位其实就是确定起点。如果这样想，很多问题就清晰了：如果只知道终点，而不知道起点，任何路径的选择都可能出现错误。很多企业恰恰忽视了这一点。所以，我认为，第一个关键点应该是定位。

定位不是纠结对错问题，而且判断错多错少的问题，就是精准与否。不够精准也会有效，但效果会大打折扣，就好像贴膏药，贴歪一点也有效果，但影响的是疗效、时间和成本，对企业而言，就是效率和效益，更重要的是，会错失很多发展机会。

有些企业在开始时或者在某个阶段，定位也会精准，但运营效果还是不够理想，问题又在哪里呢？在现实中，发现普遍存在聚焦不够，企业在上升过程中，极易受到各种诱惑扩大经营面，目的是扩大利润源，表象似乎有理，实则埋下祸端。聚焦其实包含全方位：战略聚焦、市场聚焦、客户聚焦、产品聚焦、技术聚焦、服务聚焦、人员聚焦、政策聚焦、资源聚焦等。多数企业经过比对，都发现聚焦的确不够。聚焦，应该是第二个关键点。

辅音国际近几年和一些企业深度合作，实际操作中即使在聚焦方面有所改善，但在执行中又出现制约因素：缺人！不是简单的缺人，而是缺经过正确训练的人。如何解决这个问题？可能不是简单的选、用、育、留就能解决的，而是系统的人才培养体系，解决动力、能力、定力、潜力、张力等问题，这是经营第三个关键点。

企业经营三大要素，如图 1–1 所示。

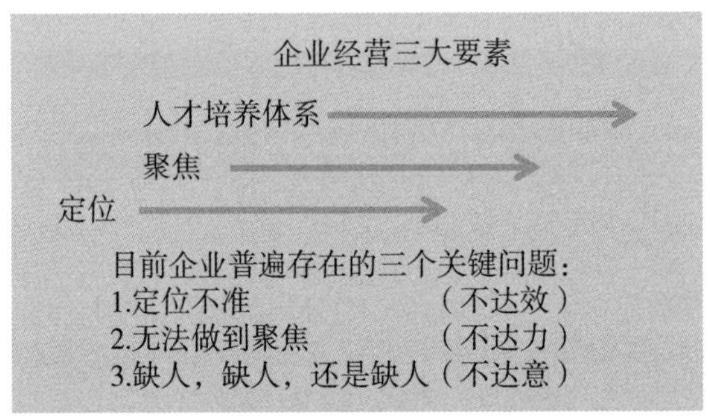

图 1–1　企业经营三大要素

我们再来探讨管理的关键问题，其实管理实践就是改善资源效率，管理者只有参透这一点，才能找到管理密钥。资源效率，归根结底在于资源的激活、整合与优化，其构成管理三大核心要素，如图 1–2 所示。

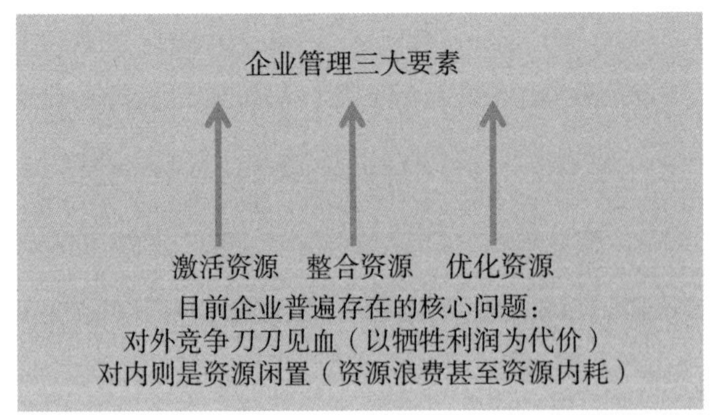

图 1–2　企业管理三大要素

至此，橙海战略模型图跃然纸上：定位与资源激活交织为切入点，聚焦与资源整合交织为突破点，人才培养体系与资源优化交织为引爆点。切入、突破、引爆，让我们一起以击沉航母的信心、方法与实力，引领企业爆发式增长。

第四章

橙海战略只解决核心问题

橙海战略理论是对诸多战略理论的发扬与完善，也是对一些战略失误的解读。橙海战略只解决核心问题，就是进一步阐述战略不是目的，而是实现企业成长的路径与工具。2012 年 11 月 7 日，战略管理大师波特创立的管理顾问公司摩立特集团申请破产，全世界为之震惊。惋惜者有之，幸灾乐祸者有之，抨击者有之，甚至有人对咨询行业都提出质疑。波特从产业结构与竞争位势出发，认为战略的本质就是“定位”“取舍”和“匹配”，我认为，波特创办的公司破产，并不代表波特的战略理论破产，是因为：第一，定位是企业成长的起因，却并不能成为企业成长的必然结果，换言之，个子高是选拔篮球队员的必要条件，却不是成为优秀篮球队员的必然结果。第二，定位只是创业时期或二次创业时期的核心要素，而不是企业所有发展阶段的核心。小时了了，大未必佳，说明个人成长也会有此现象。橙海战略合理并公正地应用与阐述定位理论，在战略发展切入点阶段，定位是战略核心，同时即使定位精准，还必须激活企业资源，二者相得益彰，缺一不可。第三，当企业从创业阶段发展到成长阶段，企业战略核心就不再是定位，而是聚焦，摩立特集团在这个阶段开始失误，摩立特的失误恰恰在于狭隘聚焦与聚焦性扩张：一方面割裂教育与咨询，而没有将教育作为咨询的推进工具，另一方面为增加营业额启动了全球扩张，并不是通过增加客户价值来增加业务量。橙海战略则基于客户价值最大化，建设性地推进无边界资源整合：不求所有，但求所用，紧扣企业成长阶段核心问题，寻求突破性发展。我们不反对企业扩张，但反对冲动式扩张。企业真正的腾飞通过扩张来实现，但绝非简单的规模扩张，应该是价值扩张，价值扩张的载体一定是人力资源，这是很多企业面临的窘境，也是企业绝对不能跨越的核心障碍。

如何理解核心问题？话说汉宣帝时期丞相丙吉，带随从外出办事，遇有人打群架，丙吉视而不见，继续前行。又遇到一个农民赶着一头牛，牛气喘吁吁，丙吉却停车相问。随从认为丞相该管的不管，不该管的却要管，只重牲口不重人，丙吉却说："百姓斗殴，自有地方官员管，我关心牛，是因为时值春天，天气并不热牛却气喘吁吁，说明今年天气不正常，农事会受到影响，这是国家的根本。"这个故事对我影响甚大。

辅音国际已经连续主办七届中国农牧营销年会，每届年会结束都要召开总结会，经常会因为一些细节问题不到位让每个人心情沉重。我表示评价年会成功与否只须关注四点：①开幕时 LED 屏是否正常。②该来的演讲嘉宾是否来了？③开幕时现场位置是否坐满？④结束时现场还有 90% 以上的听众。只要这四点做到了，我们就可以庆祝：年会圆满成功。做任何事我们都必须解决核心问题，核心问题如果失误，细节做得再好也已经失去意义。细节只是锦上添花，锦若不存，花添何处？为什么第一核心是 LED 屏？想想看，千人大会，开幕时间到，台上黑漆漆一片，演讲嘉宾再牛又怎样？同样，现场人坐满了，演讲嘉宾说不来了，多数人都是冲某些嘉宾来的，此时该作何感受？如果这两点失误了，让参会人员吃得好，住得好，我们服务人员笑容灿烂，能抵消人们心中的失望和怒火？企业经营也是这样。

我在做咨询之前，喜欢指手画脚，做了一段时间之后，我变得越来越谨慎，即使别人问我，我说话都谨小慎微，以至于有人开玩笑说："赵老师现在是不是不给钱不说话了？"其实真不是。以前是无知者无畏，反正好心一片，无须负责。做咨询接触企业的真实场景越来越多，发现很多事物并不是人们所看到、所想象的那么简单或者那么复杂，未接触核心之前看到的只能是表象。

这些年太多行业"大咖"建议辅音介入实业，我也曾彷徨，我相信给我建议的人都出于关心，但未必能够真正理解辅音的核心，自 2003 年创业咨询，同期发展的行业咨询企业如今多数改弦易辙，估计所受到的诱惑是一样的，只是我坚持了初心。并非智慧，只因坚持。

企业在任何时期都会面临诸多问题，但一定有核心问题，国家也一样。抗美援朝如果从表象分析，似乎和中国无关，不少人认为中华人民共和国刚刚成立，贫穷积弱，应该大力发展经济，更认为中国根本没有实力和强大的、披上合法外衣的联合国军队对抗，其实当时的中国面临的核心根本不是发展经济，而是生存权，是尊严与自信。抗美援朝打出了尊严，为中华人民共和国赢得了发展的时间周期。近期中美之间的贸易问题，核心也并非经济问题。有些人认为中国没有实力和美国打贸易战，最好就是屈服，答应美国的条件。我赞成中央政府所采取的态度，就是来而不往非礼也，宁可经济倒退，也不要任由美国宰割。中国新时期需要有勇气向美国霸权说“不”，世界上也应该有一个国家敢于向美国霸权说“不”。只有这样，中国才有可能发展、强大，长期韬光养晦只能小富即安，只有敢于亮剑才能国强民富。守，有时就是纵狼入室；以攻为守，方可御敌于千里之外。只有抓住核心，才能立于不败之地。

第五章

定位的核心解决哪个关键问题（1）

橙海战略只解决核心问题，本身就是一种思维模式，无论企业或个人，做事首选重中之重，效率是最高的。其实，一般人能够抓住主要矛盾就已经领先一步了，如果再坚持解决问题的主要方面，的确不易，正是这种不易，让我们能深切感受什么叫“卓越”。如果不是美国制裁，我们很难发现华为与中兴的本质区别，当一个“巨无霸”企业因为制裁立即休克，让人不寒而栗。从华为的未雨绸缪，到中兴的一触即溃，轻信和侥幸都是一种投机，真正的实力不是我想要什么就可以要什么，而是我可以随时不要什么。这一次，中国人真的很伤“芯”。

定位的核心真正要解决的是自我认知的问题。自我认知真的很难，不是难在不知，而是难在接受现实，心存侥幸所以失真。自我认知定位由生命周期定位、战略发展阶段定位和竞争者地位定位三部分构成。生命周期决定行为准则，事关管理制度，解决态度问题；发展阶段决定管理目标，事关管理绩效，解决动力问题；竞争者地位决定资源配置，事关管理工具，解决能力问题。很多企业都寄希望于培训公司帮自己解决员工态度、动力与能力问题，可曾想过，这三大问题的核心是什么？拿来主义在技术上也许可行，在文化上极易画虎不成反类犬。

我们都是成长的过来人，以人的成长历程来描述企业生命周期更利于理解。人在不同成长阶段，行为准则是不能一样的，这样去理解就明白了。小孩刚生下来的时候，我们怎么去要求他？这个时候我们更多去关爱、关注，而不是约束。我们所做的一切就是如何让他远离危险，怎么有利于他的健康，其他的管不了。这个阶段我们对小孩的行为准则恰恰是要求我们自己的，不是要求孩子的。小孩长到一岁，学走路，这个时候我们对他有行为准则吗？还是没有。这个时候只要他能站起来，能走路就行了，至于走得对不对、直不直并不重要，如果一开始要求苛刻，有可能就从此止步。等到小孩上学以后，有没有行为准则？有了。所以，对孩子的行为准则一定是随着他的生命周期不断地改变，在不同的年龄阶段，行为准则是完全不同的。

企业的成长经历也一样，但有多少企业的行为准则是根据生命周期制定的？很多企业的规章制度都是照抄别人的，或者从别的企业挖来人力资源经理，拿上家公司的管理制度套用当下的企业。这个制度先进不先进？也许先进。对我们合适吗？可能不合适。有这样的案例，一个人力资源部经理把公司搞倒了，为什么呢？企业的气数靠人气，把人搞跑了，人走了，或者人心散了，企业倒闭或者走下坡路是正常的。所以我们讲生命周期决定企业行为准则，这是关键词。当公司在建立制度时，特别是建立约束员工的行为准则时，要清楚企业处在什么周期，否则制度极可能是错的。

为什么要谈企业战略发展阶段定位？发展阶段决定管理目标。现在很多企业都在谈管理，也定企业管理目标，很多企业都将业绩指标固化为管理目标，这在创业期确实有效，但在企业成长期，一定会出现偏差。企业在不同发展战略阶段，管理目标一定不同，这与企业在不同阶段的核心或关键点是一致的。

通过“企业发展阶段评估表”我们基本可以判定企业处在哪个发展阶段，以及企业高层对于企业发展阶段的共识，我特别想强调的是，企业中高层管理者对于企业发展阶段定位的共识比定位本身更重要，这在很多企业表现极其明显。

企业管理三阶九段，不是段位越高越好，做企业不是下棋，段位不能决定一切。对企业而言，段位的匹配度比段位本身重要。当企业确定在哪个段位的时候，一般都表明上一个段位该完成的项目都基本完成。每个段有四级，每个级对应一个小项，相当于一个子目标。如果对应段位 4 个小项有 2 个或以上没有达成，就必须回调，降低一个段位。当我们进入五段的时候，代表四段都已经做得比较好了，这是前提，如果不是这样，就必须补课，企业管理没有一劳永逸的事。

竞争者地位定位，是一个比较容易忽视的课题，总觉得竞争对手很多，或者错误地选择竞争对手，是多数企业的共性。不管你是谁，真正属于你的竞争对手一定少之又少，除非你有妄想症，现实中恰恰就有很多这样的妄想狂。

也许以前不注重竞争地位也能参与竞争并分得一份羹汤，时至今日，竞争环境已经今非昔比，新的竞争秩序的建立更多倾向于资源，竞争地位定位则决定你的资源配置。既然参与竞争就得调动资源，你用不同的方式竞争，你就得调动不同的资源，新形势下的竞争，实际上就是资源竞争。

竞争者地位有四大定位：领导者、挑战者、追随者、补充者。我们选择了哪一类，就代表选择了一种竞争方式，同时也不可置疑地选择了一个竞争群体，从某种程度上来说，这样的一次选择，很可能就选择了成功或者失败。

很多中小企业经常扮演挑战者，喜欢挑战别人，可能与人性好斗有关，但经营企业，差异化竞争仍是首选，或者挑战合适的对手；挑战强大对手容易引起行业关注，但也很容易被修理，除非你有很强的实力，或者对方在局部市场并不强，否则都不建议这样做。

第六章

定位的核心解决哪个关键问题（2）

企业生命周期从大的阶段来讲，分创业期、成长期、成熟期，还有一个特殊时期叫二次创业期。二次创业期非常重要，我们跟若干行业百强企业合作，都提出二次创业理念。倡导二次创业，先要理解二次创业的真正含义，很多企业家对二次创业的理解是片面的、曲解的。企业生命周期，如图 1–3 所示。

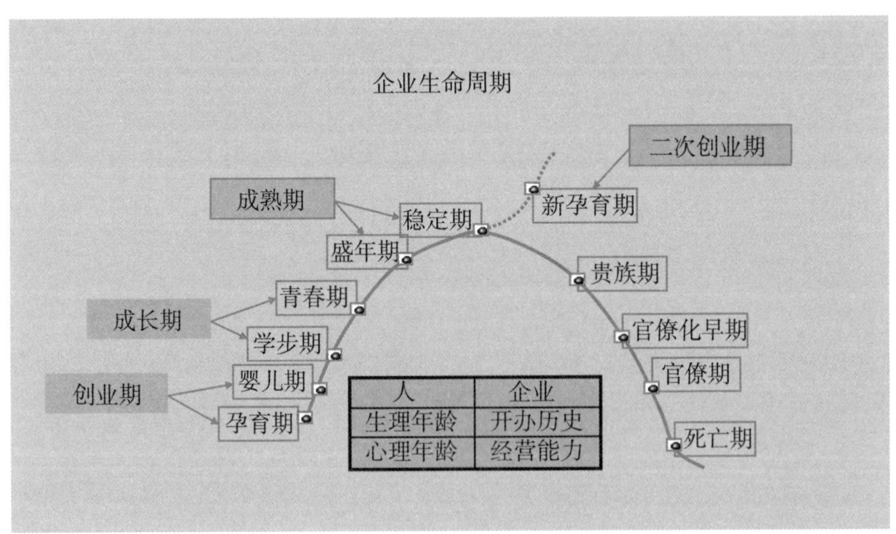

图 1–3　企业生命周期

二次创业到底想解决什么问题，是二次创业成功的关键。试图通过二次创业解决敬业精神的问题，并不是二次创业的精髓。二次创业实际上是解决制度问题和机制问题。企业在长期经营过程中，积累了很多经验，为了强化管理职能，管理制度会越来越完善，这是企业发展所必须的。但是，企业是有生命周期的，当机制越来越完善，追求风险最小化、沟通流程化的过程，恰恰也会导致企业所有的领导和员工思想僵化，循规蹈矩，激情下降。所以，真正的二次创业就是要把这些完善的制度变得不完善，也就是要将僵化的思维模式打破，将以前的思想平衡特别是利益平衡打破。制度完善的本身，是为了提高效率，任何事物都有局限性，当企业需要活力的时候，创新大于一切。大企业病的基本特征，为了追求最规范的流程和最小的风险，什么东西都要上报，什么东西都要核批，什么东西都要完全按照制度来执行。表面上，是在正常运转，实际上，你会发现公司里面养了一群游走于制度之间的人，效率已经降低到足够酝酿更大的风险，那就是丧失变革的机会。

我们来仔细分析企业生命周期曲线，从创业期、成长期、成熟期到二次创业期，这个图形揭示了企业经营奥妙。企业进入稳定期后，有没有适时进入到二次创业期？如果没有，就一定会因惯性进入贵族期，递次进入官僚化早期，最终进入官僚期、死亡期。实际上很多企业处在官僚化早期，领导开始耍官腔，部门与部门之间，各自为政，互不买账，有功劳的时候互相邀功，有责任的时候能推则推，这就是官僚化早期的典型特征。

创业期实际是两个期：一个叫孕育期，一个叫婴儿期。创业之前叫孕育，就是你确立一个项目（立项），当你把这个项目确定以后，一旦投资，就等于分娩，孕育期结束。创业期之后就是成长期，成长期有两个期：一个是学步期，一个是青春期。学步期和青春期同属于成长阶段，但业态完全不同。就像教育孩子，管理小学生与管理初中生、高中生，管理方法是完全不一样的。不同阶段、不同特点，和企业发展阶段表述一样。成熟期也有两个期，即盛年期、稳定期。企业处在哪个时期，和企业的年龄并不是直接相关，有的人说我们这个公司经营了十几年了，怎么也到盛年期了吧。我想告诉大家，有的企业办了 20 年了，还在婴儿期，有的企业办了 3 年就进入了官僚期。

企业经营与管理有四大核心要素：一是目标和行动，二是行政，三是创新，四是企业文化。企业在不同的生命周期，针对这四个核心要素，关注点是不一样的。

按照四大核心要素，孕育期什么最重要？就好像怀孕之前什么东西最重要一样：配种最重要！配种为什么选择杂交，杂交是优质基因的整合，就是不同要素的整合，就是创新。所以在选项目的时候，什么东西最重要？创新最重要。选一个项目不是拍脑袋的事，立项以及项目可行性分析是必不可少的，尽可能具有独特性，最好是有专利产品。

婴儿期什么东西最重要？是目标和行动最重要。所有的企业在婴儿期一定要记住中国改革开放的总设计师邓小平的一句话：“不管白猫黑猫，能抓耗子就是好猫。”这句话对企业经营是有效的。很多企业刚刚创业的时候就像对圣人一样要求员工，这个企业必死。刚出生的企业是没有品牌的，优秀的员工未必会来，你偏要孤芳自赏，只能曲高和寡。任何一个企业在创业期要不择细流，只要能为你所用，不要要求太多、太高，只要能给你带来销量、带来利润或者你想要的结果就可以了。

当企业目标不断达成，行动不断提升的时候，就进入了学步期。企业进入学步期，关注点在哪里？P代表目标，E代表创新，即使走到学步期的时候，有没有看到行政两个字？没有！这个地方是一个极易形成误区的地方，我在这里是交了高昂的学费的，可以说错过了第一次极好的创业机会。学过一点管理的人，一旦看到某个企业有一些瑕疵，就会提建议，愿望是好的，但好心会做错事。特别是强调企业一定要规范，要有流程，要有岗位职责，等等，表面上非常有道理，现实中却可能本末倒置。很多企业一开始把行政放到第一位，大错特错。管理规章制度一本一本，一层一层，这对新企业来说，都是障碍，是包袱。我对刚刚开始的创业者都建议：新企业，最好的规章制度是一张白纸，一张白纸反而有约束力，没有说能做或者不能做，有些人好多不该做的事还真不敢做。但如果列出规章制度，规章制度里没有的，中国人理解“法无禁止则行”，反而代表可以做。久而久之，公司里有一群人天天在找制度的漏洞，而再完善的制度都有漏洞，这是很多管理者无法理解却在实践中处处碰壁的根本原因之一。

一张白纸什么都没有，反而找不到漏洞，就这么简单。同时又有目标和行动，就好像“把信送到加西亚”，当然我们还有销售激励政策。这样思维就简单了：我要去什么地方，我要坐地铁去或者走路去，就立即行动。“英雄莫问出处”，一般英雄的出处都不是高大上，创新而不因循守旧，一定是突破传统，只要是突破传统的东西，总会有一些人甚至是多数人接受不了。学步期一定要有创新：产品创新、服务创新、模式创新等。当然创新是手段不是目的，不能为创新而创新，也有企业总是做创新激励，结果是一些员工本职工作不好好干，天天想着创新获奖，拿奖金，令人啼笑皆非。创新不求多，而求特色，即差异化，即使只是细节差异化，只要通过市场放大，都会凸显独一无二。

前面已经提及，高中生进入青春期，是无所不能、无所不敢的年龄，怎么办？约束！所以企业进入青春期，重要的则是行政。

到青春期，行政的重要性出来了，因为青春期容易做不符合行为准则的事情，这个时候，制度要及时，不能放任自流直到不可收拾。企业初始制度如何建立？我曾经有个建议，就是先贴一张白纸，发现大家都开始在做对公司不利的某件事时，第一条禁令出来了，就是这件事情是禁止的，开始界定，如果做了，如何处罚；第二条、第三条以此类推，最后8条出来了，制度的雏形也就确定了。先进的管理制度是从第一条开始的，不是一开始就有100条制度，这样容易把企业搞死。我们所限制的条款一定是越少越好，且限制的条款必须严格执行，如果100条制度，其中一条被破坏了，就代表其他99条都会失效的，都会打折扣。

企业到盛年期，最重要的是企业文化，值得我们警醒的是，企业文化在盛年期才最重要。什么叫企业文化？企业文化不是强加给这个企业的，企业文化一定是这个企业所有文化沉淀产生的。企业文化一定有历史，没有历史一定没有文化。文化不能嫁接，就好像历史不能嫁接一样，现实中很多企业文化恰恰是嫁接出来的，这样的文化只有老板一个人认同，其他员工都不认同，那这样的文化有什么用呢？我想强调的是，企业在盛年期谈文化才更有价值，而且要大张旗鼓地谈文化并践行文化。

企业在稳定期，仍然强调的是目标、行动，其次是行政。到了贵族期和官僚期就只有行政了，其他都已经淡化。当一个企业离开制度就不能办事的时候，表面上显得规范，其实相当于一具木乃伊，离关门就不远了，细思恐极。我们可据此来判断一下自己的企业，如果你所在企业一切都是靠制度来办事情，完全靠行政，失去了其他的东西，那么你就要深深反思，因为所有的动力系统都被破坏。二次创业就是要解决动力系统问题，不管在哪个阶段，二次创业事实上要把你这个企业拉回到婴儿期或是学步期。如果拉回到学步期，代表什么东西改变了？核心要素改变了。如果之前处在在贵族期，二次创业就代表把行政的作用淡化，把“目标和行动”拉回来，重新确立阶段性战略目标，这一点尤为重要。

怎样才能把目标放到第一位？事实上就代表我们的考核机制要发生变化，不要片面考核员工思想品德有多好，而是要考核这个人为公司创造了什么价值。以前喜欢考核个人思想品德，考核诚信，这是最不可靠且最容易引起歧义的方式，所有有歧义的考核必将引发企业价值观混乱，考核不追求绝对公平，但绝不能放弃追求公平。

当企业确定启动二次创业，就一定要明确公司目前最适合回到什么时期，婴儿期还是学步期？必须明确。如果回到婴儿期，就要把所有的规章制度进行调整，把多余的规章制度立即废掉，这对很多企业是个严峻的挑战。有的企业老板跟我说：“赵老师，好不容易建立的规章制度，就这么废了多可惜。”我告诉他，其实你的规章制度始终在你的抽屉里，它本来就没有用。很多公司人力资源经理，是企业规章制度的执行者，都不知道公司有什么规章制度，还要翻查。所以二次创业的真正作用是改变企业的行为准则，改变考核机制，不是改变敬业精神。所有没有改变管理机制的二次创业都是自欺欺人，也必将如一阵风，飘然而过，不留痕迹。

第七章

定位的核心解决哪个关键问题（3）

我们先来看这张表格，三阶九段三十六级，如表 1-1 所示。

表 1-1　三阶九段三十六级表

三阶九段三十六级

三阶九段			三十六级			
初阶	一段	经验管理	随机管理	纪律管理	管理组织	管理目标
	二段	效率管理	计划管理	规范管理	效率控制	顾客满意
	三段	成本管理	成本计划	成本中心	利润中心	效益优先
中阶	四段	质量管理	质量保证	质量认证	质量文化	信誉保证
	五段	柔性管理	特色产品	柔性生产	柔性组织	人性为本
	六段	知识管理	知识共享	学习组织	知识联盟	知识分配
	七段	创新管理	独自创新	创新企业	联合创新	创新文化
高阶	八段	文化管理	文化形成	塑造文化	文化产品	文化战略
	九段	战略管理	粗线战略	细线战略	发展战略	战略艺术

给企业定段定级：跳级还是留级？

这个表是借用国际通用评估表，很有价值。三阶九段三十级，一段属于经验管理阶段，利弊均沾。俗话说：好奇害死猫，经验害死狗。所以，团队创业比个人创业的成功概率要大，和这个特点不无关系，多个人的经验比一个人更可靠。二段恰是很多企业最关注却又最容易忽视的。多数企业在这个阶段试图蒙混过关，好高骛远，最终吃亏基本上都是这个环节的隐患爆发。计划性不够，规范性缺失，效率低下，不在乎顾客感受。企业淡化二段，很容易跨到三段，考核也服务于三段，忽视过程管理，只在乎结果控制，往往事与愿违还不能自拔。经常有老板看了一本书或者参加了一个培训，就忽然强调“我只看结果”，或者“让结果说话”，这个观点本身没有错误，错在你可能用在了不合适的阶段。只有完成了过程管理的企业，只有当一个企业的员工都能够理解并执行企业文化时，强调结果才具有更高价值，否则，一切漠视过程而强调结果的企业必定引导企业全员急功近利，战略将成为挂在墙上的一幅画，嘲笑地看着企业所发生的一切，渐行渐远。

我们在为企业做诊断时，多数企业处在四段，这本身没有对与错之说，但必须夯实基础，要与事实对称。首先质量如何保证？我们在质量保证方面做了哪些工作？ QA、QC 完善吗？第二个是质量认证，我们做了没有？就是质量认证体系如，ISO9000 等。为什么要做？质量认证有几个目的，很多企业的质量认证似乎是给别人看的，好像贴个名牌标签。质量认证对企业的最大价值，一定是做给自己看。在营销培训的时候，我经常讲到一个问题，就是做“客户实证”是给谁看？很多人都说是做给客户看的，我说大错特错！给客户做实证根本不应该仅是做给客户看，而是做给自己看。营销人员做客户实证，实际成绩最清楚的是自己，每一步都做好，都有好效果，营销人员就必有信心，营销人员有信心的时候，反而就不依赖做示范。营销人员对企业产品和服务的信心，比能力更重要。有信心的时候，遇到客户提出希望试用一下产品，他就会理直气壮地拍着胸脯说：“不要试，我们这个产品在很多客户那里都达到了很好的效果。”反而是营销人员对自己的产品没有信心的时候，总是希望客户能够提出来试一下，最后产品营销变成产品试验。相信大家已经明白，实证的最终目的是什么。质量认证也是一样，要做给自己看，告诉自己，我做了哪些，还有哪些不足。

质量文化代表公司所有员工是否真正把质量摆到了第一位。质量文化，绝不仅仅表现在品管部，品管部叫质量监测，不叫质量文化。真正的质量文化，是公司全体员工所做的每一件事情都与公司的产品质量相关联，是一种根植在我们大脑中的文化。就好像在自己家里，清洁是一种文化，不仅厨房干净，每个地方都要干净，物品摆放整齐，而且每做一件事都要把它收拾得井井有条，这就代表质量文化。质量文化有传承性，例如，我母亲特别爱干净，我从小就很干净，别人也夸我干净，然后我就越要干净，别小看这个习惯，可能改变一个人一生的命运。

前段时间我们给重庆一家企业做咨询，我直接要求董事长，接下来半年的时间把质量做好，其他都放一放，质量文化的重塑高于一切。质量文化是质量的永久保障，我们必须意识到：质量保障远比质量本身重要。有保障的质量是可持续的、可控的，无保障的质量总有一天会出现失误，引发企业品质灾害。

以此类推，假如我们认定企业处在四段，那么三段的 4 个小项有没有做呢？有没有考虑成本管理？这些东西靠什么来保证？例如，我们服务的某企业，根据调研和分析，要求砍产品（第一个目标砍到剩 40 个，第二个目标砍到剩 28 个），董事长非常支持。什么叫成本控制？对低利润产品来说，单产品销量最高，成本最低。在产品数量非常复杂的情况下，想降低成本是不可能的。真正的降低成本，一定是从降低产品的品种数量开始；而且是积极地砍产品，而不是消极地砍产品。积极的意义在于不是一刀切，而是用更有价值的产品淘汰自己的纷繁复杂的老旧产品。我曾经建议，砍产品最稳健的方式是：每推出一个新产品，同时减少两个老产品，直至产品数量达到产品底线。真正的价值企业，绝不追求以产品数量满足客户需求，而是以产品质量提升客户价值体验。

企业总是以为，不同的产品都生产一点，销量一定会增加，品类越多，销量越多，其实不曾核算过，当以这种方式导致销量增加的时候，会扼杀企业更大的发展空间。

上面我们谈到第二段效率管理，有些企业虽然自测时达到四段，仍然存在能够改善效益的措施根本没有做到位。这个时候我们怎么办？我们到底是要跳级还是留级？换句话说，我们企业在哪个级做得不够，我们就要补课，这一课不补的话，迟早要补，就像炒股票一样。我以前还不相信，后来发现这个股票在忽然跳高的时候，就会留下一个缺口，炒股有个专有名词，叫“十缺九补”，一定要补齐缺口然后再继续往上走。回到企业层面，如果这个断层不补，随着企业发展一定会暴露出这个问题，发展级别越高，回补难度就越大，因为很多东西你会发现已经不是那个状态了，状态变了，补的时候不太容易，阻力也会加大，成本也会加大，就好像我们这个年龄再来补小学、初中的东西就不太容易了。

五段属于柔性管理，有些人有外资企业管理经历，来到民营企业后就认为应该学习与借鉴柔性化管理。我本人也喜欢柔性化，但是企业却不能因为一个人喜欢就必须照搬照抄，这是会出大问题的。一个企业家在企业使命上可以有情怀，但在企业经营决策上绝不能受累于情怀。我有一个朋友，曾经在拜耳公司工作，创业后很多方面借鉴了拜耳的文化，企业氛围一直不错，但一直平平淡淡，至少与外界的预期有较大距离。这家企业二段和三段都有很大提升空间，好在四段也贯彻了拜耳的质量文化，否则就麻烦了。

在我们周边，能够顺理成章进入六段的企业凤毛麟角，有的咨询公司总是一厢情愿地强调知识管理，打造学习型组织，表面看起来热闹，但基本上流于形式，反而让企业人心浮躁。中国当下企业普遍存在的问题皆源于浮躁，一夜暴富的思维挤占责任意识，是浮躁的根源。

第八章

定位的核心解决哪个关键问题（4）

前述竞争者地位有领导者、挑战者、追随者和补充者，有人可能觉得有必要分得这么清楚吗？目前企业现状也是模糊不清、忽左忽右，对外宣传是领导者，营销策略却是挑战者，产品又是追随者，常常羡慕补缺者，五心不定，一会儿无所事事，一会儿疲于奔命。也有企业提出，我将不同的产品划分不同的地位，这样就可以游刃有余。听起来非常高明，似乎无懈可击，其实这正是很多企业缺乏竞争力的根源。我们逐一分析：

领导者，顾名思义是市场的强者，具有领导能力。其特征如下：占有最大的市场份额，在价格变化、新产品开发、分销渠道建设和促销战略等方面对本行业其他公司起着领导作用。简而言之，就是你想怎么干就按照自己确定的方案去实施。领导者不是一成不变的，领导者时间的长短取决于企业战略是否一直正确，只要战略有失误，领导者地位也会很快丢失。例如，近 30 年来，美国在世界上起的作用就是彻头彻尾的领导者，但是，这些年美国的策略屡屡失误后，发现不好使了，他想怎么干，好像不行了，总是有人跟他唱反调，甚至针锋相对。近期美国更是力不从心，中国布局一带一路、货币互换、原油期货、铁矿石期货等，对美元霸权是釜底抽薪，这个领导者开始坐卧不安了。

有一个消息报道联想沦为最差科技股，虽然这些年联想一直表现乏力，但还是心有戚戚。在个人电脑领域，联想曾经一骑绝尘，现在它的份额依然是全球第一。但在IT硬件终端“移动终端化”的今天，联想在移动业务上并没有优势，无论在国际市场，还是在国内市场都是如此。“手机败给华为，电脑输给惠普”，曾经的领导者最终输在了战略失误上。

领导者要保持第一位的优势，必须从扩大总需求、保护现有市场份额入手，这就是我们倡导的要把“市场占有率”转化为“客户占有率”；同时领导者防御对手进攻和保护市场份额的最有效策略，是提前感知行业趋势和客户需求变化并布局。在行业竞争中，占领产品高端是利润最大化的前提，而做大单一产品的销量是成本最小化的前提，不能简单地把采购当成盈利重点，只有大批量的原材料需求，采购战略才有价值。领导者是不能瞻前顾后的，辅音国际自从将“立言农牧，立功社稷”确定为使命，我们只深度研究中国大农业发展趋势，引领行业发展。我们将自己比喻为驼队，不闻于狗吠，不止于狼奔，坚毅前行，不达目的决不罢休。

如何做好一个挑战者？挑战者在行业中占据第二位及以后次位，有能力对市场领导者和其他竞争者采取攻击行动，希望夺取市场领导者地位。

挑战者未必是全局挑战，可以是局部挑战，甚至可以是个别产品挑战，不管是哪一类，都必须要经过充分的市场调查，确定挑战谁，如何挑战。在“挑战谁”这个问题上，必须明确挑战对象，挑战对象只能是一家企业或者同类企业，如果更精确的话，可以确定挑战某个企业的某个产品，或者是营销模式，或者是服务模式。挑战的目的就是要在某个点上赢得成功，引起关注，赢得市场和客户，从而进一步赢得企业员工的信心。

一般而言，市场挑战者的目标是增加自己的市场份额和利润，减少对手的市场份额。战略目标与所选的对手直接相关。可选择的进攻对象有：市场领导者，规模相同但经营不佳、资金不足的公司，规模较少、经营不善、资金缺乏的公司。市场挑战者可选择的战略有正面进攻、侧翼进攻、多面进攻、迂回进攻和游击进攻。

2000 年，云南神农（以下简称神农）虽然很小，在经过深入调研后，依然确定自己为挑战者，挑战对象是当时的云南“老大”：昆明正大。与昆明正大相比，神农太渺小，神农选择了挑战正大的一个产品系列，浓缩产品，可以说是极其睿智的。一是神农的设备落后，只有混合机与正大的差距最小；二是浓缩产品市场需求更多的是消费者的感官；三是浓缩产品的效果在落后地区很容易显现；四是采用了比昆明正大更高的配方成本，更高的价格，引起老百姓的兴趣和云南本土人的自豪感；五是启动了对比实证，让效果看得见；六是创新了一个新产品 ATP（高能浓缩产品），弥补了浓缩产品配制时易造成能量偏低的缺陷。多管齐下，神农浓缩产品销量快速上升，直接抢夺了昆明正大的部分市场和客户，奠定了神农快速发展为产业集团的坚实基础。

追随者，是指那些在产品、技术、价格、渠道和促销等大多数营销战略上模仿或跟随领导者的公司。很多情况下，追随者可让市场领导者和挑战者承担新产品的开发、信息收集和市场开发所需要的大量经费，自己坐享其成，减少支出和风险，并避免向市场领导者挑战所带来的损失。

做企业要有好心态：追随者不可耻。追随并非示弱，而是智慧。就像大雾天在高速公路上开车，我一定选择追随，而且我选定的追随目标一定是大客车。我自己视力不好，车技一般，我没有必要领先，大客车车身高大，尾灯明亮，正好指路，更重要的是，大客车相对比较稳健。既如此，我乐得追随，安全、省力、省心，它快我快，它慢我慢，何乐而不为？因为我需要的是安全到达目的地，所有助力达成目标的健康方式都可以接受。

所以说，做追随者务必选择好追随目标，只追随一个目标，千万不能同时追随多个目标。有的企业，跟产品质量好的公司追随它的质量，跟价格低的企业追随产品价格，跟市场促销活动频繁的企业追随促销活动，跟服务做得好的企业追随服务质量，结果可想而知：疲于奔命，资源耗尽，精疲力竭，关门大吉。智慧追随者，锁定目标不动摇，至少在某一个阶段，一心追随，心无旁骛。

市场补充者是指选择某一特定较小之区隔市场为目标，提供专业化的服务，并以此为经营战略的企业。

市场补充者往往都是隐形冠军，既能在夹缝中寻求光明，又能锦上添花，在竞争的间隙游刃有余。其战略主要有：最终用户专业化、垂直链条专业化、特殊客户专业化、地理市场专业化、产品或产品线专业化、服务专业化、销售渠道专业化等。

曾经在茶室遇到一个小企业主，专业做电阻、电容的连接线，这个连接线很短，几乎可以忽略不计，但这个企业每年有 3000 多万元的营业额，15% 左右的纯利润。两口子管理，其实就是老婆一个人打理，既是总经理，又是会计、销售，男主人只负责技术，几乎不上班，在家炒炒股，轻轻松松一年利润 500 万元左右。这也是一种竞争方式，关键是你能够接受，阶段性运用，发展是迟早的事，浙江这样的企业太多了。

第九章

定位的难点在哪里

前章内容阐述了企业生命周期定位、企业发展战略阶段定位、竞争者地位定位的基本原理及重要性，脉络清晰，相信各位一定有同样的认知：定位理论并不高深。但多数企业和个人的问题恰恰出在定位上，由此可见，定位的难点不在技术，而在思维，基本体现在以下六个方面。

难点一：重视程度不够。

我们一直建议定位需要第三方参与，并非为自己招揽业务，我和一些老板笑言，你可以不找辅音，免得有嫌疑，但你必须要借助第三方。这并非戏言，辅音的多次战略研讨会都邀请第三方参与，感触颇深。定位的核心是自我认知，灯下黑的原理普遍存在，越是企业高层有时反而不能正确认识企业存在的问题，第三方却可以抛却利益及关系的困扰，看得更清，说得更透，无所顾忌。这不一定全对，但基本代表了对方的真实想法。真实是自我认知的关键，人贵有自知之明，贵在真实，这是局中人很难做到的。咨询公司并非一定高明，却可以做到真实。寄希望于企业一己之力做好定位，是企业不重视定位的表现之一。表现之二，就是以开会而不是研讨的方式解决定位问题，相当于说：我是告知，不是征求你的意见。表现之三，定位之前没有充分的调查，没有数据和信息支撑。

难点二：表述不够清晰。

定位最怕的是模棱两可，就像我开车时，旁边的人指挥："前面右转，或者再过一个红绿灯右转也行，或者……"我就会打断说："请告诉我唯一选择！"人家是好心，但好心未必有好事，企业定位更是一样，婴儿期就是婴儿期，千万不能婴儿期也行，学步期也行，或者领导者地位也行，挑战者地位也行，这是定位之大忌。我们可以做阶段性调整，但在一个时期，只能有一种角色，而且要将这一角色清晰描述。例如，即日起至 2019 年 12 月 31 日，在大中华区，坚定追随华为。这一表述代表在这个时间段内，华为做什么我们做什么：华为说什么，我们说什么；华为研发什么，我们研发什么。我们只评估和华为动作是否保持一致，而不是纠结追随华为对不对。将信将疑是追随者大忌！

难点三：资源匹配度缺失。

清晰的定位只是万里长征第一步，能否执行则需要资源支撑。就好像确定今晚吃火锅，在哪里吃？有包间吗？预算多少？谁买单？有很多聚会最后不了了之，问题就在这里，又不好明说，最后多数人找个借口不来了。企业很多决策执行不了与此有关，就是给了方案，不给资源，不是每个人都能"把信送到加西亚"，既然这么多企业崇尚这篇文章、这个人，说明能者凤毛麟角，所以定位与资源匹配缺一不可。

难点四：未能让中高层理解并执行。

我也一直在犯这样的错误，这几年有改变，今年我更多的是不断向中高层传递我的理念，直到他们认同与理解；而且我会与企业外的高手沟通探讨，获得更多的信息与反馈，验证我的商业模式理论体系，同时不断配置资源，为将要执行的决策提前布局。理解是执行的前提，基层可以不理解，中高层则必须理解，这样才能上传下达，才能系统化执行。

难点五：缺乏阶段性总结与反思。

阶段性，是指约定阶段，多数决策的效果需要时间来沉淀，时间未到时的评估，往往为时过早，可能会得出相反的结果。我家有两棵凌霄花，4月份的时候，一棵已经出现新枝新叶，另一棵依然枯败模样，我以为死了，准备剪掉，后来想等春天过了再说，等我再次出差回来却意外发现，枯枝开始发芽，这就是生活给我们的启示。同样我也想说，如果春天过了还不发芽，我一定会剪掉，在一定时间内，按照正常付出却没有达到预期的效果，则预示必有问题，需要总结与反思。总结和反思是对执行中的决策的积极推进，不是简单的否定或推倒重来，有时发现在执行中有偏差，不要大惊小怪，出现偏激手段和言论，要知道，企业在任何时候都有伺机反扑者，并非为了企业利益，而是争取个人地位，理性评估就是让企业更好地理性决策。

难点六：纠偏不坚决、不彻底。

执行有一些偏差是正常的，但是纠偏却不能打折扣。每一个定位都是如此。运行一段时间，其实就是对团队的验证，验证的最大收获就是保障纠偏方案的精准性。开始时对执行过程可能出现估计不足，或者有些问题不容易提前预知，还有团队协调性也有磨合过程，经过一段时期的实践，管理者应该心明眼亮，该调整的必须调整，无论流程或者人事，这个时候完全可以加大考核力度，甚至再召开一次动员大会，全力推进。

六大难点告诉我们，定位从来不是一件快乐的事，时刻面临对当下的否定，面临既得利益的选择与放弃，甚至需要撕下虚荣的面纱。但若不能精准定位，损失的绝不仅仅是金钱，而是发展或者生死存亡，我觉得对真正的企业家而言，绝非追求一时得失，而是基业长青。

第十章

怎样才能确定如此定位一定是对的

这是很多企业家问我的问题，也是我自己在经营企业和咨询管理过程中遇到的现实问题，大量的事实证明这是一个伪命题。脖子扭了疼，膏药贴哪儿？按哪儿哪儿疼，贴还是不贴？肯定要贴，找一个当下最痛的地方贴。不能不贴，也不能总是撕下来重贴。每重贴一次，药效就减少一半。企业定位也是一样，定位之前我们尽可能详尽分析，在没有其他信息支撑可以改变的时候，我们要的就是立即定位，万不可求全责备。魄力就是在需要担当可能失败的责任的时候敢于拍板。所以，任何时候都无法确定如此定位一定是对的，但一当明确了定位，我们要相信这一定是对的。有人会说，你不是一直说定位要精准吗？是的，是我说的。那你现在又说无法确定定位一定是对的？是的，也是我说的。这就是决策相对论与执行绝对论。每一个伟大的企业都是这样发展起来的，追求决策绝对论极易错失良机，追求执行相对论等于自毁长城。当一个集体热衷于追求决策绝对论的时候，执行力基本缺失，且失败时无人承担责任，进入温和的集体拖延无责状态。

2014年辅音经过大量市场调查，认为现代农业合作社将迎来重大发展机遇，事实上，各级政府已经推进合作社多年，只是当下的合作社现状离初心越来越远，此时就面临对合作社发展阶段进行定位。我们经过比对与探讨，认为合作社经历叶公好龙的第一阶段、一哄而上的第二阶段，已经进入名存实亡的第三阶段，此时如果不全力推进合作社规范，结局将是合作社的整体被抛弃。辅音决定联合专业辅导合作社——北京农合咨询公司建设合作社示范社，于2015年启动合作社千县万镇工程。

当时对合作社有正确认识的人很少，愿意与我们合作的企业也很少，很多人对建设规范化合作社持怀疑、否定、讽刺甚至打击的态度，在实际操作中，项目组遇到了各种各样的难题，我们辅导的部分合作社也出现偏离的现象，团队开始犹豫。我相信很多企业都会遇到这样的情形。放弃？那是最简单的，而且当下无人指责。放弃之后呢？必然面临重新选择——遇到困难——放弃——再选择，很多企业都是这样走过来的，直到破产。我们当即召开动员会，强调合作社对于中国三农建设的重要性，并提出："行胜于言，打就能赢。"在运营过程中，我们分阶段提出"念念不忘，必有回响""行胜于言，越做越对""星星之火，可以燎原"等核心理念，经过两年多的努力，终于让全行业加入了发展合作社的大潮，在鱼目混珠的第四阶段，我们赢了，我们终于引领合作社昂首进入正本清源的第五阶段。既是正本清源，绝非简单的理念认同，而是要让合作社真正实现发挥资源整合和分工协作平台的作用，同时还要解决合作社自身持续发展的商业模式。

十数年来，特色农产品和特色畜禽产品走过一段非常痛苦的历程，没有精准定位是根本原因之一，企图依靠政策的外部力量解决商业模式缺陷是原因之二，脱离终端用户的意淫式情怀诉求是原因之三。

特色农产品和特色畜禽产品必将面临三大难题：宣传、渠道与冷链物流。所以，任何想把特色产品辐射全国的定位都是一厢情愿的，也必将遭遇三大难题的狙击。在推进合作社的这几年，我潜心研究了特色产品的一、二、三产产业链，最终归结为末端决定法则。在没有解决终端消费平台建设之前的特色种植与养殖，盈利等于火中取栗，这样的消费终端如果寄希望于发动千家万户，或者自主建设所谓圈子，无异于水中看花，很美却无法触及。

合作社作为资源整合平台绝不只是解决成本和资金问题，目前而言，局限正在于此，这直接影响合作社的持续发展。我们研究认为，在种养结合一体化合作社之外，应该有能够与之对应的消费合作社，这个消费合作社的服务主体，应该类同于家庭农场，我们称之为农家乐的升级版：特色家庭农庄，作为家庭和亲朋好友聚会、商务、休闲、娱乐的场所，同时也是特色农产品和畜禽产品的体验场所。

以持续发展的商业逻辑作为定位原则，定位的偏离度趋近最低。与其判断定位的准确度，不如检视企业的愿景与使命，直白一点，就是初心。愿景让企业不至于迷失方向，使命让执行者不容易半途而废，方向和坚持，是企业最好的定位。我一直在告诫自己：不因诱惑偏离方向，不因艰难放弃前行。如此定位一定是对的。

第十一章

为什么正确的定位不一定带来绩效

企业成长过程不存在一劳永逸，一般在进行企业顶层设计时必然关注三大关键点：从后向前看，系统思考，完整剧本。这是高建华老师的顶层设计理论，当然系统思考也来自第五项修炼。正确的定位只能代表有效的自我认知，但不代表改变，就像我们经常说："我知道错了，但不一定会改。"换言之，只满足一个要素的行为未必达到预期结果，如此就解释了为什么正确的定位不一定带来绩效。经常有这样的情形：同时创业，同样的项目、同样的市场环境，结果却大相径庭，只因团队不同。往往看上去并不强大的团队可能发展得更好，而看上去人才济济的团队反而夭折。现实有时很残酷，那些看起来都很能干的人聚在一起，最初给人的感觉一定能够干成一番事业，一段时期后，却发现似乎都很疲乏。我曾熟悉的一支团队，整体跳槽后在短时间引起行业一片哗然，但结局让很多人大跌眼镜，可悲的是这些成员后来都未能东山再起。我经历这样一个故事，1999 年年底我向原来的老板提出辞职创业，老板是我的好朋友，他不赞成。理由很有意思，就是认为我做事过于谨慎，总是留有后路，这样的人在当下的时代不适合创业。我相信很多人都觉得这个理由有些牵强，却道出了很多人或者团队失败的根本原因，就是资源没有完全激活。切入点的第二个要素正是激活资源，激活资源包含思维态度、能力与工具，转换一下就是：全力以赴，不断提高，坚持创新。

全力以赴代表从意愿上不留后路，破釜沉舟是全力以赴最直接粗暴的表白，当项目确定后，激活团队的意愿是第一要素。不断提高代表万不可故步自封，优秀的人极易陷入“思维陷阱”和“路径依赖”，因为曾经的一些小成功，因为过往的一些小聪明，怎么看都像是满了的水桶，很难感受外部的改变，更难接受外部的新观点、新方法，忘了事易时移。思维陷阱是每个人或多或少都存在的，成长过程及其周围力量共同构建的陷阱，打破它需要智慧和毅力。例如，在我的老家，普遍认为学习成绩不好是没有出息的，这就是一个陷阱。衍生一下：销售业绩不好的员工是没有出息的，销量低的产品是有问题的，不会抽烟喝酒的人是做不了销售的；等等，这些陷阱就会导致经营失策、管理失效。成绩不好只能代表他不适合或者不喜欢读书，并不代表将来一定没有出息，虽然读书可能是一条捷径，但却未尝不是陷阱，同样有不少读书人一生平平。

路径依赖同样可怕，曾经的辉煌经验即我以前就这样做成的，曾经的失败教训即我以前做过但不成功，别人的成功经验即成功的人是这样做的，形成依赖则无法摆脱，现实就会打脸。坚持创新代表经营策略、管理工具，一方面要理解运用，一方面要结合实际进行创新。例如，经营工具中的阿米巴，管理工具中的平衡计分卡，几乎中国所有生搬硬套的企业都交了学费，即使营销工具里的SPIN，在现实中都已经过时，特别是大客户营销，2009年辅音就做了升级，更新为NIPS，提出几大理念：客户难点问题不是问出来的，而是调查出来的；背景问题不是用来辨别客户难点问题，而是精心设计以引导客户深入理解难点问题。仅此创新，在行业大客户营销课程领域，彻底颠覆原始课程体系。

综上所述，全力以赴，不断提高，坚持创新是激活资源的三大核心与关键，否则，就要付出代价。我自己就有痛苦经历，1988 年毕业就职于中国第一家外资独资企业，后进入世界级巨企参与管理，10 年跨国企业的熏陶，养成了唯我独尊的思维习惯，以为自己鹤立鸡群，以为自己了得，实际上是大事干不了，小事不愿干，蹉跎了 10 年之久，好在我不断遇到高人，稍有领悟。2000 年我第一次创业，正如我的前老板所言，还真失败了，失败的原因正是无法全力以赴。痛哉斯言：没有被激活的资源，等于没有资源！

有家企业董事长在高管会上发飙：把每根在手的包谷给我啃干净！此企业仅用 10 年创造行业奇迹，至今雄踞第一。这是一个充分激活资源反促定位的精典案例。

另一企业董事长和风细雨地说："我不懂什么经营策略，我只按照生产力和生产关系的基本原理经营企业。"我们都知道，生产力决定生产关系，生产关系反作用于生产力，这是政治经济学的内容，但这位董事长说："我们只要搞清楚生产力的构成就行了，生产力等于劳动力加劳动工具加劳动对象，三者匹配时成本最低。"我惊呆了。这位董事长 1981 年高考落榜，两年前企业市值曾超过 2000 亿元，仅用了高中我们用来考试的知识，成就了一个伟大的企业。这是一个将有限资源无限激活的精典案例。

大家耳熟能详的褚橙，起源于储时健，他的苦难历史就不重复了，75

岁创业种橙，81 岁鲜果上市，褚橙一度作为“励志橙”风靡一时，且不被诟病，这是激活虚拟资源的精典案例。后续的课程我会在案例中再度演绎，以期我们一起在正确定位后，不要辜负了年华。

便于各位企业家对橙海战略的精准理解，下面几讲我插入橙海战略的八大基本原理。

第十二章

橙海战略八大基本原理一至四

基本原理一：鸡蛋原理。核心内容为：直立的鸡蛋抗压能力最大。

我相信大家都接触过这一常识，也看过电视里一些现场表演，看上去很脆弱的几个鸡蛋，却可以承受人在上面站立，这并不是轻功的作用，而是鸡蛋在直立的情形下承压能力超出我们的想象。把这个原理引到这里，是在日常与企业的沟通中发现，越是经营不好的企业，越没有主见和方法。所以我迫切希望，在竞争日趋激烈的外部环境下，保持做直立的鸡蛋，不要人云亦云。人云亦云必将东倒西歪，鸡蛋在东倒西歪的时候是很容易被击碎的。很多企业并不是被竞争对手打败，而是被自己的摇摆不定打败的，今天想这样，明天想那样，就是不知道自己到底该怎么样，追根求源，还是投机心理在作怪。少林功夫，站桩是基本功，站桩的核心就是保持重心稳定，功夫的核心就是在搏击中你始终能够保持自己不倾倒，重心稳则身稳，只要坚持不倒就有赢的机会。企业经营只要大方向没有原则性失误，坚定的信念是成功的加速器，坚定方向，越做越对，越对越坚强。做直立的鸡蛋，将信念激活。

基本原理二：俯卧撑原理。核心内容为：人在做俯卧撑的时候，承压能力最小。

人在做俯卧撑的时候，只要轻轻踏上一只脚，只要他不是武林高手，就很容易被击垮。战士在打伏击的时候，即使敌人还离得很远，都要保持冲锋的姿态，一触即发，这就叫战斗力。企业最怕的就是做俯卧撑，而缺乏长期战略目标的企业最擅长的恰恰就是做俯卧撑：好一阵，坏一阵；高一阵，低一阵。这和管理者容易自满以及纯数字的考核有关。举个简单的例子，企业发现利润低的时候，就调产品配方，降低原料成本，偷工减料必然导致质量降低，市场开始反应，销量下降，短期利润上升了，销量开始萎缩。销量萎缩趋势一现，企业又开始调整配方，提高原料成本，营销团队又去和客户打包票，说质量没有问题，结果销量开始回升，而利润又开始下降。如此反复，企业怎么可能建立产品品牌和企业品牌，又如何经受市场的风吹雨打。管理俯卧撑也是比比皆是，特有的大扫除就是典型的俯卧撑现象，检查的时候卫生状况马上改善，检查过后，又恢复原样，为检查而做的一切动作都不会持续下去，久而久之，应付心态贯穿整个企业。

基本原理三：心静原理。核心内容为：心静时，没有噪音。

人越是烦躁的时候对声音越敏感，当我们发现周围有很多噪音时，其实是自己心不静。很简单，当你做一件事入神时，打雷都不会引起你的注意，而当你正心烦意乱时，平时美妙的音乐都可能成为噪音。我出差就经常遇到这样的问题，晚上睡觉时觉得外面很吵，有一次我实在受不了，大约晚上 12 点去找服务员，服务员说“你怎么不早说”。我说“早我没感觉到啊！”服务员说：“那就怪了，这个时候车子已经很少了。”我一想，对呀，刚才怎么没感觉到呢？其实，前面我一直在办公，是听不到外面的噪音的，噪音一直在，只是不入心。企业也是一样，战略不坚定时，其他企业任何风吹草动都会影响企业决策和行为，觉得所有的市场行为都针对自己，而且极易出现信息不对称，听风就是雨。很多企业本来就定了 3~5 年的战略，战略本身是高层管理者经过数天或更长时间的研讨确定的，有时却会因为一个并不确定的消息而全盘推翻，易变是企业执行力之大忌。就个人而言，心静也是至关重要的，有人温和，有人狂躁，和能力无关，和心静有关。禅修修心，其实就是静心，静心者则理达，理达者则如行云流水，畅快淋漓。

基本原理四：用心原理。核心内容为：再小的声音，只要用心发出，心就会听到。

这一点我是有感觉的，我们平时只要做事用心了，一定有人可以感觉到；同样，如果我的员工做事用心，我也会感觉到，如果员工做表面文章，我更会感觉到。我本身是做管理咨询和策划的，我的特点就是对信息敏感，正能量和负能量我能够分辨，我最怕的是员工在我面前耍小聪明，一目了然有时让我也很苦恼。我很自豪我的企业有很多非常用心的员工，多次有企业老板问我，“赵老师您是如何做到的？”我说：“我好像什么也没有做，企业的氛围就是这样的，每个人都希望看到最优秀的自己，无论是高级管理人员，还是刚进入公司的年轻人，都让我时常感动。”

对待客户也是一样，真假服务客户还是能够区分的，只是客户有时不想戳穿而已。我相信，对于中小企业，服务不贪多，哪怕只做一点点，只要用心去做，客户一定能感受到，关键要务实有效。“用心原理”旨在引导企业：价值时代已经到来，只有真正为客户创造价值，才能赢得市场，所以市场行为必须以实现客户价值为核心。只要用心，客户一定会感受到。

第十三章

橙海战略八大基本原理五至八

基本原理五：飞蛾原理。核心内容为：不是所有的树都倒向你，除非你扑向每一棵要倒的树。

很多企业在这一点上吃了很大亏而且还不自知。仔细思考，我们自己制定策略的时候是不是完全针对每个企业？不可能。除非是傻子或者是疯子。所以我们要谨记：不是所有企业的策略都是针对你的，不要都去应对。每个企业乃至每个人的精力和资源都是有限的，我们要学会在某些特定时期置身事外，不要为自己设计假想敌。很多中小企业，一旦市场上有什么变化就好像跟自己有关系，其实多数情况下几乎跟你没有关系。去年，福建某企业“买”经销商，就有一个企业的老板给我打电话说：“赵老师，这个企业太可恶了，做的什么鬼事情，花钱买经销商，我们还怎么做！”我问“买了你几个经销商？”他说“好像没有买我的经销商”，我就不客气地说：“没有买你的经销商，关你什么事情。说一句话你别不愿意，就你那些破客户，人家还真看不上。”

这不是个别现象，而是普遍现象，很多人都认为跟自己有关系。当你认为跟你有关系的时候，往往就真的与你有关系了，因为你开始错误决策，开始盲动。成语“飞蛾扑火”就很形象，飞蛾扑火，火并没有动，是飞蛾在动。很多中小企业无意中就成了飞蛾，天天在扑火，最后火没有灭，飞蛾死了，即使没有被烧死，也遍体鳞伤。

核心原理六：感受原理。核心内容为：太在意别人的感受，你就要付出成本，我们叫感受成本，但是感受成本不产生顾客价值。

妄自尊大和妄自菲薄，都是感受的结局。有些企业属于前者，现在国人都学会赞扬了，特别是一些供应商的营销人员，嘴巴像抹了蜜似的，见面就夸，见缝插针地夸，有些人就开始飘飘然，再加上信息闭塞，对外部信息特别是行业优秀企业的信息了解甚少，进而沾沾自喜，夜郎自大，把别人的奉承当成了事实。另外一种情况，一类企业老板，整天唉声叹气，见面就诉苦，哪个企业又做什么了，哪个专家又说什么了。企业领头人，既要敢于肯定自己，也要敢于否定自己，标准不是别人怎么说，而是现实需要我们怎么做。

客户的感受重不重要？当然重要。但是不是客户的所有感受我们都要在意？不是。所有的合作关系都是一种博弈，合作的本身就是竞争的结果。让竞争价值最大化的最好选择就是合作。既然是博弈，就有原则，无原则的合作等于放弃。

基本原理七：自扰原理。核心内容为：脱庸而出。平庸的“庸”，这个词是我造的。

我认为，一个人只要做到“脱庸”，就会出彩，世上本无事，庸人自扰之。为了竞争而竞争，市场充满血腥是必然的，一个血腥的场面并不是自然生成的，而是由若干悲情人物串联而成。有些企业犯的错误让人无法理解，对所有的失误都那么振振有词，所有的损失都那么理所当然，其实很多失误或损失完全可以避免。例如，有些企业被营销团队绑架，结果就是为了竞争而竞争，营销人员把所有的不作为要么转化为外部竞争问题，要么转化为内部管理问题，让企业不断偏离目标，陷入企业多层级员工共同编织的陷阱而不能自拔。我们有一家合作企业就是这样，高层居然认可这个企业月销量 2000 吨就是生死线，所有触及这个销量的改革都受到阻挠。我反问他们：谁告诉我们这个销量一定是生死线？这个销量是有效的吗？会不会 1800 吨更有效？企业生死线仅仅由销量来决定？利润呢？如果 1500 吨的利润比 2000 吨更高，那这条生死线还有意义吗？画地为牢，是一些企业难以逾越的鸿沟。

基本原理八：领悟原理。核心内容为：领悟有多透，事业就有多大。

这是个短信段子，我把它应用在这里。有这样一句英文：If you do not leave me,we will die together. 但翻译的结果不一样。我对这个段子感慨万千，我觉得这个极其具有现实意义。我们先看一下翻译内容：

你如果不离开我，我就和你同归于尽。（这是四级水平）

你若不离不弃，我必生死相依。（这是六级水平）

问世间情为何物，直教人生死相许。（这是八级水平）

天地合，乃敢与君绝。（这是专家水平）

你在或不在，爱就在那里，不增不减。（这是大师水平）

放在这里不是博我们一笑，而是让我们去思考这句话的意义在哪里。这句话太重要了，很多事情，你以不同的境界去看，它的结果是不一样的，所以对于一件事情的看法，不是取决于这件事情本身，而是取决于你自己的境界和胸怀。这句话的翻译仅仅取决于他的英文水平吗？错了。绝不仅取决于他的英文水平，而是取决于他对爱情的理解。做企业也一样，不是取决于你的企业有多少资源，而是取决于你对企业价值观的理解。例如“生存靠质量，发展靠营销，赚钱靠采购，提升靠管理”这句话，这是我在2000年前后总结的，现在行业中很多企业家都还在引用这句话，这说明，随着企业的壮大，这句话的意义也在不断升华。一个企业，过分强调质量，只能证明你研发做得好，不能证明你企业做得好，既如此，你可以生存，但一定会错失发展良机。任何企业想发展，必定要在某一个阶段突出营销的作用，没有营销就相当于没有翅膀，难以飞翔。重视采购与管理更是企业发展必不可少的。

对于个人也是一样，当对某一件事或某一句话不能认同时，先不要怀疑这句话是否有问题，还是敞开胸怀，多一些思考。开悟，不是人人都能做到的。

第十四章
成功定位的三大精典案例

橙海战略八大原理适应于企业任何阶段，相当于附送了八个装备或者工具，我们继续探讨企业定位。

鉴于中国过去 40 年城市繁荣，未来 30 年乡村振兴，我接下来分享的三个精典案例都与农业有关：饲料加工、生猪养殖、脐橙种植。让大家对现代农业多一些了解。实业型企业家的代表，关于华为、阿里巴巴等，大家早就耳熟能详，与国计民生直接关联的现代农业大家所知甚少，或许更有借鉴价值。

先分享第一个案例。2002 年双胞胎集团开始涉足猪饲料，而此时农牧行业早有正大系、希望系等占据猪饲料市场，可以说，这样一个小企业此时介入猪饲料领域，而且一开始就想分得一杯羹汤，实属胆大妄为；但这个企业成功了，仅用了不到十年时间，雄踞中国猪料销量第一且遥遥领先。所有这一切只把两点用到了极致：定位与聚焦。

双胞胎集团定位之精准与坚决，可以写入 MBA 教材。2003 年我在清华大学农牧 MBA 班授课，晚上双胞胎集团的总经理邓先生和广西区营销总监（现任总裁）李先生到我房间，主要和我探讨“双胞胎颗粒”的外形专利以及这一系列专利对于产品销售的促进作用。我说，从差异化营销的角度肯定有用，那个阶段乳猪料都陷入攀比早期生长速度，如果双胞胎集团也去参与，未必有胜算，这种情况下，不在别人设定标准的前提下参与竞争是极其明智的。很多人可能都以为，双胞胎集团靠一个模具外形专利获得了市场，其实不然，这只是一个亮点，引起业界关注：赞成或反对，赞赏或嘲笑，打击或追随。不管别人表达何种情绪，对双胞胎集团而言，“眼球”已经有了，此时双胞胎集团的定位策略发挥了关键作用：①市场定位。选择散养户比较集中的地区。②客户定位。早期果断执行“超过 3 头母猪的客户就不是目标客户”，虽然这个说法有些极端，但与现实基本符合。③产品定位。选择乳猪料和小猪料，不做全期料（打破大而全的定势）。④功能定位。诱食快，不拉稀。⑤渠道定位。让经销商赚钱，收取押金保护渠道利益，吸引经销商。⑥促销定位。以三株口服液的广告形式，对核心区域村镇及乡间道路两侧等敏感区域海陆空全覆盖，所到之处必见广告。⑦客户开发定位。采用深挖井式驻点战术。⑧服务定位。采用原始却最易执行且有效的服务，如影随形。几次与李总裁闲聊，谈及当年，他总说：“心理没底，压力太大，从未做过猪饲料，也不知道怎样做才对，只能另辟蹊径，猛打猛冲。”同时他还说：“定位并不难，难的是坚持不改变。”业界都知道，双胞胎集团的客户定位执行是最彻底的，即使在销量巨幅上升的情况之下，都未放松对客户的定位，按照鲍董事长的说法，“将每一根在手的包谷啃干净”。这句话很浅显，却道出了成功进行客户定位的真谛与定力。绝大多数企业的失误恰恰在这里，稍有成绩就无所顾忌，以为可以从此信马由缰，最终跑死在疆场。

第二个案例企业已经成为中国农牧行业的翘楚，甚至替农牧行业在全行业长了脸。20 世纪 90 年代开始养鸡，采用“公司 + 农户”的模式定位，其中起起伏伏、风风雨雨，但这个模式一直未曾改变，最终发展成了中国黄鸡大王，广州市场上的活鸡价格基本上由温氏股份左右定价。但让温氏股份真正核爆的是“公司 + 农户”养猪，温氏股份并没有满足在养鸡事业的发展，跨入 21 世纪后开始启动“公司 + 农户”的模式养猪。这个模式一开始就遭到种种非议，人们普遍认为，“公司 + 农户”的模式只适合养鸡，原因是养鸡周期短，栏舍成本低，容易控制风险，而养猪的周期长，资金占用时间长，且因为猪周期的存在，市场风险极大。更有极端意见认为，温氏股份将成于鸡、败于猪。的确温氏股份很谨慎，前期推进速度较慢，对小型养猪场的现状不断进行深入分析，注入企业的管理、技术与资源。经过市场验证，坚定了决心与信心，终于加快速度，从年出栏不到 100 万头发展到近 2000 万头，并成功上市，引爆了整个市场。

这个成功案例揭示了很多企业失败的成因，就是对模式的“始乱终弃”，总认为别人的一定好，而企业自己不断验证的模式是不行的。这其中忽略了一个基本原理：模式的效率需要执行来验证，模式的效益需要时间来验证。执行偏差和短视心态不知断送了多少原本很好的模式，却让一些并不出色却坚决执行、坚持到底的企业家们演绎了人生精彩，羡慕之余，心有戚戚。

第三个案例就是褚橙。这是一个典型的品牌定位和品质定位的成功案例。品牌定位：励志橙。这与储时健的不平凡经历相关，更与人们对储时健的过去历史的肯定与惋惜相关。他不仅承受了牢狱之灾，更承受了丧女之痛，且身体健康状况也令人担忧，但他并没有消沉，甚至没有对社会抱怨与仇恨，而是选择了在古稀之年创业，选择了可以帮助云南偏远山区的农民一起致富的项目。橙色，是阳光的颜色，橙子富含维生素C，维C是抗应激之王，是活力的象征，“橙海战略”就是取义于激活，“橙海”即阳光之海。巴顿将军说：“不是看他登到顶峰的高度，而是看他跌到低谷的反弹力。”这就是褚橙品牌的核心竞争力。

品质定位：储时健老人即使自己已是古稀之年，却在品质上超越时间概念，选择了6年才挂果的鲜橙，让王石落泪，也是我坚持不懈的动力。我经常告诫员工：将事情做好，一切都会有，如果眼里只有金钱，是不可能将事情做好的，一切也将失去。储时健说：“中国的年轻人太急了，我快九十了还在摸爬滚打！”这篇文章我看了很多遍，一个70岁的老人创业，大谈80岁以后的场景，他对互联网营销的最大顾虑就是品质下降，他对哀牢山的土质分析以及对鲜橙品种的选择，都是基于品质，他并没有因为自己年龄大而去消耗品牌，反而更坚定地执行品质定位原则去生产优质的产品，也打消了很多顾客对褚橙品质的顾虑，更增添了品牌的魅力。

第十五章

失败定位的三个现实思考

前章阐述了几个成功定位的案例，旨在举一反三。事实上失败的定位可以说比比皆是，不再分述，根据多年的追踪分析，有以下三点思考和大家分享：

一是定位随意。多数企业定位仍处于感性阶段，即使创业者深思熟虑，却忽视了重要的一点：调研。个人的思考很容易陷入固化思维，即使想得很透彻，也是在一个无形框架下的自我假设和自我满足。调研则是基于市场与客户，在市场上找灵感，在客户处找需求，在与不同的人交流碰撞中找 USP。例如，这些年火爆的养老地产，随着老年人口的爆炸式增长，独生子女家庭越来越多，城市空巢率越来越高，大健康养老产业的确显现出巨大的投资价值。无论从行业方向、产业发展前景还是国家政策的支持力度来看，这个行业肯定是会越来越好，是一个“蓝海 + 朝阳产业”，但在现实中，投入养老产业的绝大多数企业并没有享受到红利，而是结局惨不忍睹。原因很简单，就是定位时没有深入研究中国式养老，照搬照抄国外模式，倚仗个人情怀，凭借个人想象，等等。还有一个重要原因，就是定位时重心在“地产”而非“养老”。现阶段打造养老地产，我们就必须研究现阶段和未来十年需要养老的人群。中国从1953—1972年出生人口共有2.89亿人，这个人群最大的特点是：吃过苦，享过福，重传统，勤简朴，喜群体，贪惜命（值得研究），所以在设计上万不可花里胡哨，有些养老地产设计都是为一些“暴发户”以及某个特殊人群定制的，而如今这个特殊群体急剧下降，暴发户遭遇事业寒冬，养老地产项目必然骑虎难下。养老地产如果不研究中国人的传统文化与思想，如果不从中国人对于养老的基本需求出发，还会有更多投资人折戟沉沙。无数教训告诉我们：定位随意等于没有定位。

二是定位随便。有位老板在2018年11月23日“创新中国茶——2018年度论坛”上说，2018年自己的茶业产品销售20亿元。我不想去质疑数字，这毫无意义。多年来，中国在茶叶品牌建设方面误入歧途，一直是大品类、小品牌，以品类代品牌，至于区域茶叶差异化，茶树品种多样性，制茶工艺差异化，采摘时机与部位差异化，等等，都不应该成为品牌弱化的借口。

几年前的一天，我在航空杂志上看到关于小罐茶的广告，我开始期待一个能够战胜立顿的中国茶叶品牌横空出世，看小罐茶广告成了我在飞机上的必修课，我开始背诵和记录，每次当我和别人谈论小罐茶时对八大名茶、八大名师如数家珍，以至于不少人认为我是股东。

因为关注，所以发现。

发现一：安吉白茶消失，换成福鼎白茶的“白毫银针”，而制茶大师林振传并未改变。

发现二：铁观音的制茶大师魏月德消失，换成高碰来。

发现三：小罐茶广告设计，把每一款茶叶的香味都以一个盘子里的实物来表达，如玉米、红枣、冰糖等，并注解：小罐茶中所示食材，为该款茶香味的生动化展示。

实话实说，这三个发现，让我心灰意冷。小罐茶，你到底想干啥？是不是遇到困境了？我想与小罐茶互动一下。

（1）大品牌的广告，一致性极其重要，八大名师，是不可以轻易换的，只要能换一个，就代表你可以换八个，最初人们基于对名师的景仰，如何释怀？

（2）安吉是浙江的，福鼎是福建的，安吉白茶换成白毫银针无可厚非，莫非一个制茶专家可制天下白茶？

（3）小罐茶的茶香难道来自食材和药材？我们是品茶还是吃药或者补品？说好的茶香呢？如果这样，喝茶到底喝什么？是否还加了别的什么？所谓“生动化展示”是加深理解还是引发歧义？要知道，如今人们对于添加剂是风声鹤唳，为何小罐茶要引火烧身？

（4）我入住南京一高档酒店，大堂休息区的一半成了小罐茶的展示区和贵宾区。我有些不解，我明白小罐茶的用意是突出高贵，但这个区域恰恰忽略了高贵的另一个特征：私密性。茶与酒和烟不同，烟是用来吸的，茶是用来品的，对环境和心境的要求截然不同。烟不择火，而茶必择器皿、择水、择艺、择静，故有茶艺、茶道、茶文化。

（5）近期就更让人迷惑，广告选择女明星谈情怀。喝茶强调的是清心、文明，与女明星何干？

我陷入思考，广告的这些变化也许是企业跟随市场反馈而变，只是我想问：最初的定位呢？

三是定位随性。有始无终，信马由缰。有些企业开始有明确定位，但在发展过程中渐渐改变。做得不好的企业开始怀疑最初的定位，被动改变；做得好的企业开始头脑发热，认为自己无所不能，有些开始利令智昏，无所不用其极，其结果就是偏离最初的定位。并非定位不能改变，我们强调的是，定位需要科学、严谨、系统，所以，即使改变也需要科学、严谨、系统，而非随性而为。

例如，各地兴起的田园综合体。人们总是将田园综合体的重心放在“田园”，然后开始拼凑风景，缺乏整体规划，完全随性而为，加加减减，无章无法，特别是有政府参与之后，外观的美丽替代了发展，忽视了田园综合体的核心是“综合体”和“田园文化”。综合体代表产业，是造血系统，田园文化代表价值观，是养血系统，一味依赖输血而缺乏造血和养血，怎么可能健康发展。所以，我们要真正理解定位的重要性和迫切性，特别在新时期的巨变之下，我们不妨回到起点，重新出发。

第十六章

企业资源类别与状态素描

我相信大家对定位有了更深刻的理解，但仅有定位不能确保企业必胜，定位只有落实到具体行动中才能有效，需要动力系统和保障系统，这就是资源。

企业资源分内部资源和外部资源，内部资源包含人、财、物，外部资源包含政治（国内外大环境，如中美贸易战等）、政府（政商关系，如政务大厅等）、政策（企业利益，如减税降负等）。财和物能否得到高效利用取决于人，所以橙海战略第一部分着重研讨内部资源，并聚焦于人力资源。

“政治路线确定之后，干部就是决定因素。”干部决定什么呢？干部决定的就是如何快速激活战略资源。一个企业，最终是要完成目标，无论什么目标，销量也好，利润也好，品牌也好，都要靠全体员工共同去完成。完成目标不等于完成任务，目标是活的，是一幅美丽的图画，有诗情画意，大家乐于为这幅画增添光彩；而任务是死的，是一道杆杆，你必须跳过去。任务是一个数据，是一个点，而目标是一个线段，是路径。

这就是关于成长的原动力问题，领导者或者管理者的主要工作并不是自己去跳杆杆，或者监督员工去跳杆杆，而是去引导员工画“画”。一个企业即使定位清晰，没有解决成长原动力问题，同样是无效的。

任何动力系统都有其优势，也有其劣势，混合动力往往更有效，同时，势能与动能之间的转化是不可估量的，所以，对于中小企业，在动能有限时，就用有限资源建立势能，多方位建立势能，建立高效势能聚合体，可以达到事半功倍的神奇效果。人们往往追求获得更多的资源，却忽视身边的资源，或者不能合理运用已有的资源，就好像有些人总是喜欢不断交新朋友，进入新圈子，却对昔日朋友或圈子熟视无睹，这是典型的资源浪费。喜新厌旧是人的本性之一，是创新的源泉，却也是企业资源浪费的最大漏洞。在市场、客户和产品方面表现可能更明显。

不久前在高铁上看电视，一个专家介绍中国的高铁技术，我感触很深。中国高铁技术在世界上领先，运营成本较低，低在哪里？就低在高铁的动力系统有自发电功能。高铁爬坡时，立即启用用电系统，在下坡路段，立即启动发电系统，并能够储存电能在上坡时使用。这对于企业管理有极高的借鉴价值。行业有周期性，就好像高铁上坡和下坡一样，如何善用行业顺境和逆境，是一门“高铁电力管理”艺术。

企业最重要的资源是员工，和腐败的原料、生产变质的产品一样，负能量的员工同样可以腐蚀一个团队，只不过不是直接表现而已。

员工希望得到什么？所有的员工都是在待遇、付出和成长三个要素之间进行组合排列，要么待遇比别的企业高，要么在待遇相同时付出比别人少，要么找个企业有更大的成长空间，至于爱国、爱企、爱岗，都是基于上述条件满足以后考虑的事。别把员工想得太复杂，也别把员工想得太简单，我们都是从员工走过来的，可能有比别人更高的职业素养，未必有更多的奉献情操。

员工能够追随企业，要么是企业待遇还可以，要么是在这里可以得到成长。如果待遇比别的企业低，还愿意付出，多数人一定是看到了成长空间，只有极少数人带着混日子的心态提前享受“退休生活”，所以，人才培养的最大动力，是打开人才成长的上升通道，不拘一格降人才。成长相当于变压器，对于积极的员工，会释放最大的潜能，去实现自己的梦想。

一个企业想拥有真正的人才团队，最好的方式，不是薪资的承诺，而是带领企业走上成长的快车道。除此，没有捷径。

客户同样是企业的宝贵资源，那么客户希望得到什么？至少三点：合格或者优质的产品，与产品对应的服务，与效益相关的技能升级。

这是面上的东西，如果局限于这三点，客户这个资源就难以激活。从客户本身来说，一方面希望跟着企业赚钱，一方面希望跟着企业成长，更希望能够依托企业这个平台来谋求他自身无法实现的点点滴滴。

客户对企业有四大体验需求：效果体验、合作体验、成就体验和情感体验。在客户成长过程中四大体验需求缺一不可，情感体验是忠诚客户的终极需求，符合人性。

企业最重要且最容易忽视的资源正是老板本人。职业经理人更多的是管理员工，很少考虑一个至关重要的问题，就是如何引导和影响老板。老板也是人，是一个普通的人，不是圣人，圣人做不了老板。

有这样一个例子，有管理者发现，企业里跟随老板决策越快的人错得越多，越慢的人错得越少，因为老板一直在变。老板一直在变的时候，你跟得越紧，错得越多，你前面做的工作全都白费。这种情况下，如果管理者是个投机者，就会在老板面前说一套做一套，最后还会炫耀："看，还是我了解老板吧。"殊不知，很多企业的执行力就是这样减弱的。

作为老板，更多考虑企业中、长期的发展，触觉灵敏，难免会做出一些错误的决策，但不代表老板每个决策都是错的。我一直说，能够成为老板不全是偶然因素，其中一定有必然的成分，做为管理者，应该考虑老板要的是中、长期利润，还是短期利润，因为关注点不一样，结果也不一样。

按照老板的需求去做决策，是资源充分利用的一个重要前提。他要中长期的利益，你给他短期的，或者他要短期的利益，你说为了中长期考虑，必然会导致对立，这时，老板的资源不仅不能为你助力，很可能成为你的最大阻力。一个高明的管理者，会把老板看成是自己的第一客户。我在天津某集团做总裁时，以一个空降兵的身份主政，面临那么多无所作为的"老臣"，如何展开工作？我就是把老板当成第一客户对待，站在老板的立场上思考问题，引导老板正确认识企业人力资源战略，在老板的支持下，不断优化管理团队，树立了绝对权威。当某个策略老板没有想通时，不要贸然实施，这很可能成为逆转的导火索。职业经理人的价值实现途径，千万不要摆脱老板，老板是你的第一资源，老板一般不会和管理者抢位子，这个位子对他而言唾手可得，但老板最怕的是职业经理人损害他的利益。保护老板利益，谋求个人价值，是职业经理人的明智之举。

第十七章

如何激活企业资源

了解企业资源类型与状态，有利于我们充分运用资源为企业与客户创造价值，也有利于员工成长，充分运用资源的前提就是激活资源。

同样的项目，同时启动创业，同样的模式，为什么有的成功有的失败？理论上说，二者的定位基本一致，按照正常逻辑，成功的概率是一样的，然而事实上并非如此，因为两家企业的管理未必一样，特别是组织结构、用人体系以及利益分配体系，即企业资源激活度。

很多专家说，员工是第一客户，客户是第二员工。说说容易，做起来未必如此。很多企业在这一点上，可能是疏忽了。客户对企业的满意度来自哪里？一定来自员工。也就是说，只有员工才能持续让客户满意，作为管理者，对客户的关注总是有限的。既如此，只有让员工满意才能让客户满意。道理大家都懂，只不过在实际操作过程中总有偏差。对客户过于客气，对员工过于冷淡，是很多企业的现实表现。员工满意度，正是老板要给的，这是一个系统工程，也是一门综合艺术。

同时，企业一定要深刻认识“客户是第二员工”的真实含义，这句话的核心并非要求企业将客户当成员工，而是告诫所有企业：客户也需要像员工一样被教育，优秀的客户是教育出来的。我在演讲时讲到这一点，很多老板恍然大悟。

引用《孙子兵法》一段话：“善战者，求之于势，不责于人，故能择人而任势。”势能来源于事件。我们有时会纠结于到底是给钱还是给“势”，其实二者的有机组合会更好，过度给钱与过度造势都可能适得其反，过度依赖金钱激励易导致急功近利，过度依赖企业愿景易于让员工觉得企业总是画大饼，所以，有“钱”有“势”，才能真正打造活力型企业。

现实中多数企业，虽考核方式各异，核心主要是钱，或者一切都与钱挂钩。事实上，很多员工更多是希望企业能够“任势”。企业要想给员工“势”，企业自身必须有势，这就是“企业势能”，如通威、华为、格力这样的企业，虽然任势的方式有别，但都可圈可点。华为依靠技术领先，依靠任正非低调坚忍的个人魅力，董明珠依靠个人的毅力与永不低头的魄力，刘汉元则依靠“清洁食品、清洁能源”的情怀，蓄势前行。

为什么我们提出来要打造活力型企业？就是因为企业必须要成长，必须有势能，员工在企业才会有自豪感，荣誉感。人追求的成就感最初与钱有关，最终来源于势，而不是钱。作为老板，应该更多去思考这个问题，如何蓄势，是推动企业发展的关键与动力。

2010 年 5 月我们跟新希望（000876）开始合作，当时合作单元是新希望农牧川南片区，5 月 8 号正式启动。我们按照正常的程序，先开始做企业诊断、市场调研。做完企业诊断和市场调查之后，我发现现实和我们最初设想的完全不一样。以前我们想新希望这么大的企业，又在四川本土，应该一切都是光鲜耀眼的，事实却不尽然。首先，营销团队人员老化，没有激情，人浮于事。我们做市场调查，一个业务人员把我们送到市场上，我们要求去养猪多的地方，他很快就把我们送到一个乡镇，把我们放下，他在那里等（我们做市场调查时，一般要求对方业务人员回避）。我们按照他的指引来到一个村，结果发现这个村的狗比猪多，一下子出来 20 多条狗，而最后把整个村庄摸排完了，还没有 20 头母猪。

这个现象说明这个营销人员没有怎么下过市场，一天到晚泡在经销商那里。我们问养猪的农户，说你们四川有个刘老板，企业做得很大也很好。他说“5 年前我知道，现在我不知道”，居然还问我们“这个公司还在吗？”我们是啼笑皆非。我问他们“营销人员不经常来吗？”那个农户摇摇头说：“没有，至少有 5 年没有看到了。”后来调查到资阳，经销商以为我们是新希望公司的员工，很不客气，很多抱怨，说明当时新希望在这个区域的品牌是负品牌。

这对我们来说是个挑战，完全出乎意料。我们开始以为新希望的品牌会对营销策划发挥助力作用，现在看来，我们需要首先改变新希望的市场形象。

一方面要激活企业营销团队，一方面要重新树立新希望在客户心目中的形象。两个课题严峻地摆在我们面前，经过团队的集思广益，我们策划了一个活动：“有家就有新希望”大型公益活动。活动紧扣“家”（有房子有猪就有家）的主题，希望通过公益活动来帮助客户重新认识新希望。首先启动“诵儿歌、坐飞机、看鸟巢”活动。我们在调查时发现，四川有很多留守儿童，缺乏关爱，我们组织背诵指定儿歌进行海选，优胜者可以获得免费飞到北京参观奥运场馆。

策划这个公益活动的目的：第一，让客户对我们产生好感，彰显新希望企业的爱心。第二，造势。小孩参加，基本上家长也都参加了。大凡一个活动，只要小孩感兴趣，家长就会感兴趣，只要事关孩子成长，家长的热情永远高于孩子。

儿歌分为三篇，其中《娃娃篇》中有一首，以一个留守儿童的口吻写：小朋友，村头望，我盼妈妈快回家，我家猪娃肥又大，爷爷奶奶笑哈哈。早早读，晚晚看，我是妈妈乖娃娃，妈妈辛劳为养家，有家就有新希望。

持续一个月的时间，正值炎热的夏天，把养殖户激活了，把经销商激活了，更重要的是把营销团队激活了。这些营销人员，每天起早摸黑（8月份，四川的白天太热，活动只能放在早晨和晚上进行），一个月下来，改掉了以前懒散的习惯。我在总结会上说：“证明我们这支营销团队是可以打一场硬仗的，我对此充满信心。”团队还是这个团队，人也还是这些人（我们和企业合作一般不会轻易调整对方的人），工资也没有增加，但是整个状态变了，整个精神面貌变了。我清楚地记得时任片区总经理杨阳对我说的一段话：“赵老师，说实话我开始是观望的，我不相信一个咨询公司能改变什么，但今天辅音让我们看到了什么叫神奇。”

激活员工除了改变心态、蓄势、提升技能，还有一个有效方法，即降低工作难度，具体包括两个方面：一是降低工作标准，二是提供升级工具。这一点我的感受很深刻，辅音国际作为咨询公司，主要服务于中大型企业，客户动态档案就极其重要。事实上在与北京位智天下合作之前，客户信息库极其贫乏、简陋，我曾经安排一名副总裁抓这件事，依然没有改观，信息杂乱，还经常出现丢失现象，这成了我的一块心病。去年安装i到位管理系统，我对系统其他功能兴趣不大，我只关注客户信息采集与管理，这是企业大客户营销与管理的基石，运行一年下来我如释重负，我坚信管理还是要借助专业工具。要求公司所有人员将收集到的客户信息录入系统，员工可以自行录入，也可以由公司专业人员录入，同时无论是电话拜访还是登门拜访，都必须通过系统预约或电话沟通，拜访或通话结束必须有记录，这一切全部汇集在后台。假如我要去拜访某位大客户，我只要在系统里点击这个客户即可，系统会出现之前各人员的所有拜访与沟通信息以及存在的问题，这样就有利于对即将进行的拜访制定清晰的目标，也有足够的信息支撑所要呈现的问题解决方案；而在上这个系统之前是无法做到的，往往都是听取员工汇报，汇报的内容肤浅，没有价值，缺乏及时性，有些还是道听途说的。如果负责某个大客户的员工离职了，以前还要进行客户交接，所谓交接只是提供一个客户通信录，很少能够提供更多有价值的信息，有了系统后，根本无须交接，衔接更顺畅。所以“大客基石”客户信息管理系统，让普通的营销人员也可以有效开发和管理大客户。这就是管理工具带来的资源激活作用。

第二步我们主要激活经销商。经销商销量如何上升？当时销售以渠道为主，经销商的数量决定销量，经销商数量不够怎么办？增加经销商的数量。我们策划了招商七步曲，策划了一系列的活动。同时，为了实现产品差异化，策划了一个产品系列叫“畅消”，打造中国第一高消化率猪饲料。通过招商活动激活经销商，不断增加经销商的数量，开始几乎每个月每个公司做一次招商活动，招到一定数的时候，我们开始启动经销商分类和升级，推出 VIP 尊享计划。

第三步开始激活养殖户。不断地召开养殖户会议（主要宣讲怎样把猪养得更好，怎样赚钱），进入一个良性循环，整个效果上来了，创造了奇迹，2011 年川南片区猪料销量同比增长 100% 以上，并开创了享誉新希望内外的“川南模式”。

激活不是靠简单的喊口号，也不是一个简单的激励政策就可以达成。激励是激活方式之一，但不是全部，一定要有事件支撑，通过策划激活事件，来激活我们的团队，这是其中关键所在。

第十八章

激活的资源会创造奇迹吗

为什么要激活资源？激活是管理者最高的艺术，很多管理者对于管理的理解就是控制，其实正好相反，好的管理归根结底是人性的释放。管理控制，多数人的理解是通过管理来控制别人或下属。我的理解是：通过管理的手段，让每个人学会控制自己。

《让子弹飞》这部电影相信很多人都看过，其中有一段15分钟的视频让我震撼，就是只有4个人的张麻子杀了拥有400人的黄四郎，这是一个精典的激活资源的策划案例。靠4个人，是杀不了黄四郎的，连自己的人都不相信，但一旦激活内外部资源，足以大功告成。首先，张麻子确定回鹅城，把县长当下去，杀掉黄四郎，这是典型的目标导向，如果是资源导向，谁也不敢想能杀黄四郎。目标一定要宣导，“县长要杀黄四郎”必须广而告之，“话不说出去，事就办不成”颠覆了很多中国人的人生观。中国人自古强调低调，但《孙子兵法》早就告诉我们虚实之妙，可以低调做人，未必低调做事。如何才能成事？必须谋划，不可仅凭一腔热血。从发银子到银子被抢（激发怒气），然后发枪（提供方法与工具），进而率先垂范（枪在手，跟我走，杀四郎，抢碉楼），建立系统思维模式：目标、方法、工具、示范。团队内，营造“打就能赢”的气势；团队外，通过“那就打铁门”制造心理预期。最后通过杀黄四郎的替身彻底解除人们心中的恐惧，通过一句人人向往又站在道德制高点上的广告将剧情推向高潮：去碉楼，拿回你们自己的东西！

我推荐给很多人看这个视频片段，期待有更多的人看懂其中奥妙，因为有一个场景是神来之笔：当最后人们冲进碉楼时，拿枪跑在最后面的其实是个傻子，寓意当一个人被激活后，傻子都可以成为战士。一个企业正需要更多这样的“傻子”，少一些自以为是、自作聪明的人，只要我们有激活的方法，执行力一定会大大提升。

2009 年我应邀参加北农大集团战略会议，张庆才董事长高瞻远瞩，最终确定以农大三号蛋鸡为核心资源。战略一旦确定，战术必须发力，首要就是如何激活农大三号蛋鸡这个资源，我们立即启动策划，快速推进。首先，农大三号的亮点必须点燃。节粮，这个亮点具有政治意义，所以，在将农大三号命名为“北农大节粮蛋鸡”的同时，我们赋予了节粮蛋鸡的使命，即“节粮为国家，下蛋为人民”，并授予“辉煌国鸡”光荣称号。节粮蛋鸡的实际价值在哪里？我们归纳为“三省一好一核心”，在连续召开“科技服务财富，国鸡铸就辉煌”财富论坛之后，曾经默默无闻的农大三号被彻底激活：目前已经占据中国蛋鸡总销量 8%，成为行业最受欢迎的优质蛋鸡品种。

我列举这两个案例是想提醒很多企业：不要总惦记招揽人才，却忽略内部人力资源的激活；不要总企图创新，却对当下产品视而不见。很多奇迹的根系不在于外部，而在于内部。我 2003 年于上海创建辅音咨询，当时就有行业先行者对辅音“辅佐客户”的企业理念嗤之以鼻，大举“接管”之旗招摇于行业，总想嫁接一个团队创造一个奇迹，我提出质疑：第一，凭什么认为你的团队一定比别人更优秀？第二，你到底是想传道授业，还是想抢夺别人的饭碗？第三，你如何化解与原有团队之间的博弈而获得持续成长？我认为作为咨询企业一定是通过激活客户资源获得的成长更具有价值，所有越俎代庖式的增长，无异于饮鸩止渴。只有在激活自有资源过程中，才会发现制约资源活性的关键节点，而这一点是企业自身往往不具备的，或者不愿意承认的，“灯下黑”正是这个道理。所以，激活资源的最大利益并非被激活的资源，而是激活资源以及保障资源长期处于激活状态的机制，否则，即使引入优质的外部资源，也会被一个不好的机制所扼杀。当一个企业总认为招来的人都不好用时，一定是企业自身出了问题，说明企业存在资源抑制因子。当我们能够认识到深层次的问题，并下决心去解决，奇迹一定会发生。

第十九章

源头活水如何设计

资源也有优劣之分，对企业而言，如何保持资源的质量值得探讨，就像如何保持水源的卫生与安全一样。

“问渠那得清如许，为有源头活水来。”活水，是指有水源而常流不断的水，也指新鲜的水。企业就像一条河，企业经营就是让河水不断流动又不至于泛滥成灾。企业管理并非制造稳定，而是不断打破平衡。企业成长就是企业不断寻求平衡的过程，平衡是成长的终结。所以对于源头活水的设计就显得尤为重要。所谓设计，其实就是如何确保“水”流入、流动、流出的畅通无阻。对多数企业而言，流入并不难，难的是流动和流出，这与人们的想象正好相反。目前企业最大的隐患是：

（1）员工越来越多，效率越来越低；

（2）产品越来越多，满意度越来越低；

（3）市场越来越大，单品销量越来越小；

（4）销量越来越大，利润越来越低。

这些问题的形成都不是一朝一夕的，而是潜移默化的，且习以为常，所以，我们谈设计，重在设计资源激活保障体系。保障体系包含资源重置标准体系、资源使用体系以及资源退出和安置体系。换言之，资源重置一定是基于企业有效资源配置需求，而不是解决某个局部问题，所有只为解决局部问题而重置的资源都会成为资源流动的必然障碍。资源使用体系，并非局限于单一资源价值最大化，而是系统资源价值最大化，就像营养配方，并非只为发挥某一营养素的价值，而是所有必需营养素的有机组合。通俗地举例，就像打牌，不是有了大小“王”就一定能赢，而是每一张牌都恰到好处。资源退出与安置，并不是抛弃，而是放对地方或者改变功能。有一次我去参观一个农业园，因为围墙倒塌，形成一个庞大的堆砌物，园区管理人员说清理比较麻烦，我笑言：无须清理，只需购买一些水泥、沙子，就地改造成假山，正好弥补这个位置的单调和风险。优点有二：一是这个位置如果没有固定物支撑，还会发生塌方；二是处理废弃物的费用将远高于改造假山的费用，假山本身又可成为景点，何乐而不为。所以说，管理上的任何只为解决局部问题的方案，都可能导致无数管理硬伤。

一个本来优化的组织机构是如何变得臃肿的？其中一个途径就是临时机构变成常设机构。就像现在的微信群，为了沟通方便，经常有人将相关人员立即建群，这个思路是对的，但同样还要做一件事，就是沟通结束时应立即解散。解散一个群本来是一件极其简单的事，但是一旦和人情世故、利益纠缠相结合，就变得不那么简单。解散还是不解散？会不会引起误解？是不是还有存在价值？会不会哪天还有用？放在这里似乎也不会造成什么影响，要不要解散？很有意思，我就有很多这样的群，想退出又顾虑重重：会不会引起别人反感？会不会让别人不高兴？群主会不会认为我不给面子？如此一来的后果就是爆群，经常找不到自己有用的群，反而导致“全面沟通系统障碍”。有一天我下决心清理了一些群，经过一段时间，现在好像又爆群了。这种现象在企业管理上屡见不鲜，只是这个时候多数企业并没有意识到危害性，反而认为是机构健全，是大企业的特征，就像有一阶段我总是想和相关企业成立合资企业，以显得一派繁荣景象，其实属于自欺欺人。企业不在于多，而在于卓越，一个企业做好了，一辈子就够了。

华为的一些管理看上去过于严苛，但恰恰多数符合“源头活水”的设计理念。水不仅要流动，还要保证一定比例的更新，否则“活”就成了一个符号。20世纪90年代华为就开始采取末尾淘汰制，今天来看都依然残酷。末尾淘汰不是简单意义上的优胜劣汰，而是优胜优汰，淘汰的并不是劣的，而是没有别人优秀而已。特别是芯片战争打响之后，我对于任正非更为敬仰。据称华为2011年投入巨资研发芯片技术，却在内部宣称：我们研发芯片不是为了自己使用，而是为了有一天别人不给我们用。这是最精湛的源头活水的战略设计，也许在别人觉得这是资源的巨大浪费，事实却证明，这是多么伟大的决断！虽是巨额投资，却换来永不低头的底气和坦然。

综上所述，我们在设计的时候，就不得不注入危机意识，我们感受了“鲶鱼效应”，原理就是加速流动，我们完全可以这样理解：唤醒危机意识也是一种生产力。

第二十章

切入点让很多企业恍然大悟

前章所述，切入点、突破点、引爆点构成一个发展循环，企业发展并非只经历这三个点，而是这三个点不断重复、螺旋式上升的过程。切入点作为橙海战略模型的第一个点，在每一个发展阶段，都有事半功倍的作用。在资源有限的情况下，每一次事半功倍的作用，都可能驱使企业进入成长的快车道。那么，如何找准切入点？如图 1–4 所示。

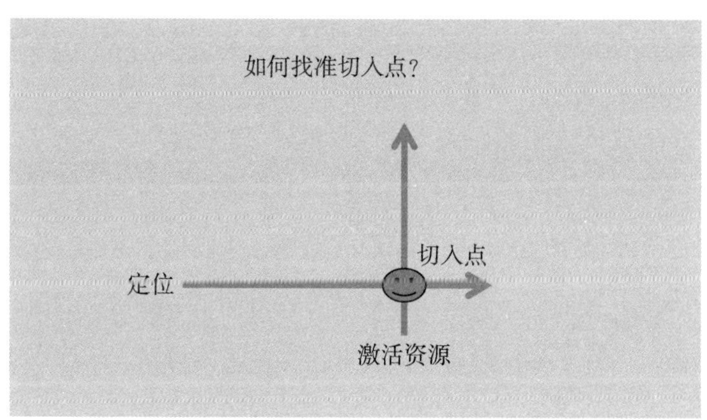

图 1–4　如何找准切入点

构成切入点的两大要素：定位与激活资源。二者相辅相成，相互促进，企业很容易在这个环节顾此失彼。不同的定位就必然有相对应的资源激活目标与方式，同样，不同的资源激活方式必须符合定位原则，否则就会导致混乱。1978 年十一届三中全会提出“解放思想、实事求是”，正式吹响中国改革开放的号角。当时的中国物资匮乏，生产力被严重压制，此时如何定位中国发展阶段就显得尤为重要。“社会主义初级阶段”的定位就相当于明确了资源激活的目标与方式方法，“让一部分人先富起来”是目标，“不管白猫黑猫，能抓耗子就是好猫”就是方式方法。时至今日，我仍然敬佩在当时的政治环境下，邓小平是以什么样的魄力与担当高声喊出：贫穷不是社会主义！发展是硬道理！

企业何尝不是如此！我们都知道大企业的大企业病，其实小企业的大企业病和大企业的小企业病一样可怕。小企业的大企业病极易形成决策缓慢，执行效率低下，追求完善的制度本身，就会扼制生产力，因为对小企业而言，错失发展机会的风险甚于一切；而大企业的小企业病极易抑制企业创新氛围，导致企业资源利用效率低下，斤斤计较、墨守成规，极易形成战略被动。

2015 年，辅音敏锐判断，经销商的价值必将随着养殖结构的改变而递减，如何帮助经销商转型升级？我们果断推进现代农业合作社。在当时可以说是一片质疑与反对，但我们没有退缩，我们精准定位经销商的未来发展目标，接下来就是如何激活资源的方式方法了。经销商的成长不仅关系到经销商，而且关系到所有关联环节以及每一个群体，企业、养殖户及营销团队。我们及时归纳总结现代农业合作社对于社员、经销商、企业的 885 价值体现，经过教练、示范，用三年时间帮助近 3000 家经销商转型升级为合作社，虽然有些合作社的发展出现偏差，但我们一直在纠偏，所取得的成效有目共睹，带动了全行业大力发展合作社。2018 年我们开始进行合作社再定位，将当下的模式定义为1.0版本，并规划设计了2.0、3.0版本，实质上就是定位的调整，激活资源的方式方法必将随之改变。

切入点的核心价值，就是我们在起始时，不仅要做对，更要做好，做好的前提就是激活企业一切资源。其实这本身就是挑战。

根据四象限理论，切入点可以出现四种状态：一是定位准确，资源激活良好；二是定位准确，资源激活失效；三是定位不准确，资源激活良好；四是定位不准确，资源激活失效。企业可以依据四象限理论进行自测，或许可以找到企业问题的根源。多数企业属于二、三两种情形，成长过程会跌跌撞撞，依据所处行业发展阶段，如果处于上升周期，企业会顺势发展，同时也会进行调整和变革，弥补起步期的一些缺陷。状态四这一类企业则极易夭折，现在正在大力推进的大学生创新创业，多数属于第四类，以教授作为导师的创业，无论经营还是管理都是弱项，建立以院校教授为学业导师以及以创业型企业家为事业导师的双导师制，才能真正引导大学生走向成功创业，我们要尽可能创造状态一这一类的企业，提高成功率，并为进一步发展打下坚实的基础。

切入点的两个要素并不是非好即坏，而是存在不同的影响程度。建议按照两个要素对企业每年进行一次扫描。企业发展阶段不同，定位也会发生改变，而定位的改变必须同时重启资源激活程序，绝大多数企业至少现在还没有这样去做。战略梳理从切入点开始，每年一次的战略梳理应该写入企业规章制度，近三年，辅音国际每年在年会之后的3天都会选择一个时间段进行激烈的研讨，同时我们启动干部熔炼营，每季度集中训练一次，效果显著，辅音获得了快速成长。去年某老板参加了橙海战略落地辅导班训练，对切入点的重要性有了深入的理解，自称有恍然大悟的感受。其实，我也有类似的感叹。

写到这里，应该有一个小的总结：切入点是企业发展的基本点。

以上几个章节，主要阐述定位和激活资源两个要素对于切入点的重要性，这两个要素并不复杂，只要沿着清晰的思路，几乎所有企业都可以做好。定位，我们通常总结为四大定位、四小定位，为什么要有四大定位？很简单，企业需要制定行为准则、设定管理目标、设计资源配置、制定行动方案，之前，多数企业也在做，但很茫然，缺乏系统性，四大定位的价值正在这里：企业生命周期定位决定行为准则，企业战略发展阶段定位决定管理目标，企业竞争者地位定位决定资源配置，企业经营策略定位决定行动方案。

四小定位则是行动方案的具象化及立足点，市场定位、客户定位、产品定位及服务定位，目的在于使思路清晰、方法得当，提高效率，轻装上阵。

激活资源基于思想、方法与工具的有机结合，是一个长期的过程，所以，耐心极其重要。多数企业恰恰缺的就是这份耐心，有时耐心即时间。耐心既是领导者个人的耐心，更是机制的耐心，立竿见影是光的投射，对“浣纱女”而言，不仅仅关心有没有影子，更关心能否晒干衣服，没有效率的激活就是一场闹剧。

在理解了切入点之后，接下来我们就开始剖析第二个点：突破点。突破点从聚焦开始。

第二篇
建立企业冲云破雾的突破点

第二十一章

聚焦为什么这么难

为什么要聚焦？我想用这几句话来表述：难舍则分，分则散乱，聚合驭变，局优制胜。

聚焦，就是《孙子兵法》里描述的“识众寡之用者胜”，不是一个简单的动作或方式。再大的企业都会遇到资源匮乏的困境，除非这个企业不想快速发展。顶层设计有一个重要理念，就是为目标配置资源，一般企业制定战略目标，都会放大目标，增加压力，所以，资源永远不会过剩，越大的企业资金越紧张，越大的企业越缺人，就是这个道理。

企业经营，除了战略之外，涉及具体策略的，其关键莫过于聚焦，企业风险很大程度上来自经营分散，行业分散、市场分散、客户分散、产品分散、资金分散、人员分散、项目分散、决策者关注度分散等，其中只要有一项分散，就代表少一份竞争力，每一项分散一点，累积起来就是一个风洞。人的一生中，最不需要努力的事就是不断分散精力，信马由缰，终老时一无所有，遗憾终生。

分散很多情况下并非来自外来压力，恰恰来自外来诱惑。人往往抗压能力较强，而抗诱惑能力普遍较弱，这是人性的弱点。人在压力面前会变得坚强，在诱惑面前却会变得弱智，所以，真正饿死的企业不多，撑死的企业太多。20世纪80年代，我二哥开始经营一个渔网厂，经营相当不错，后来在政府的鼓励下，头脑发热，陆续投资和收购了编织袋厂、卫生巾厂和机械厂，项目分散，精力分散，管理不善，最后四个工厂全部倒闭，负债累累。

人们很容易用一个理由说服自己扩张，却很难用十个理由说服自己削减，就好像炒股票，股民很容易用一个猜测和臆想说服自己保持满仓，但在十个忠告面前却无法做到让自己空仓。真正的炒股高手从不满仓，我也深知这一点，却总是在一个小行情或一个所谓内部消息的诱惑下全仓杀入，把本该拥有的利润全部回吐，甚至亏本。所以，企业之间的差距有时并非由当前竞争力决定，却会由不断分散竞争力而形成。

经营策略和管理模式也一样。经营策略不在于多，而在于有效可行；管理模式不在于复杂，而在于简单适用。在执行力产生价值的时代，简单的模式更容易复制，容易复制的模式更容易一致，而一致的行动力就是生产力。

我在宣讲中小企业经营策略的时候，提出“第一原则”。什么叫第一原则？就是一定要想办法让自己做到第一，细分市场，谋求局部优势。在自己选择并细分的市场上，力争销量做到第一。第一原则的核心，就是作为第一的优势，可以优先抢占很多资源特别是优质资源，第一等于资源。就好像体育竞赛，那么多人，那么多天，辛苦训练，最后只为冠军而来。

当尘埃落定，发现所有人的付出皆成了冠军的资源，其中的道理我们务必慢慢悟透。

市场竞争是激烈的，愈是激烈，第一就更加重要。在一个县做不了第一，就选择在一个镇做第一；在一个镇做不了第一，就把这个镇划分成几个作战单元，在一个作战单元做到第一。不管范围多大或多小，要做就做第一，一旦做了第一，你在这个市场上的“势”就起来了。力争第一是最好的造势，光环一直是照着第一的，摄像机的镜头都是随着第一转动的。所有的竞争对手都会成为你的宣传员，当他们对着你来制定竞争策略时，另一个侧面就是帮你做宣传。现实就是这样，你针对谁，往往帮到谁。

很多企业召开营销会议，总是不遗余力地分析竞争对手，当更多企业都在做同一件事时，就自然而然地把竞争对手给抬高了。一段时间，很多企业、很多文章都在讲某个企业，不管你讲对方好还是坏，都是帮它做宣传，众人拾柴火焰高，忽然感到这个企业好像特别强大，事实上它们的强大之中有你一半的功劳。不花广告费，同样做了广告，这就是第一的好处，这就是化繁为简的智慧之道，以少胜多的独门秘籍。

个严酷的事实就是：从分散到聚焦，需要经过一场运动式变革，而从聚焦到分散，只需要日积月累。华为如果没有任正非数十年如一日地敲打、鞭策，就一定不会有今天，换言之，如果一个企业能够数十年确保经营聚焦，只要不是违背发展趋势，想不卓越都难，但能够做到这一点比卓越更难。

企业都会遇到困难，有的企业首先想到夯实核心业务，多数企业却总是试图通过增加一个项目来缓解危机。项目如此，产品也如此，团队也如此。最后，事业部越来越多，产品越来越多，团队越来越大，效率和效益却越来越低，事实上，当事业遇到寒冬，更需要集中优势资源，聚焦突破。

我的一个朋友，让我帮他策划一个产品，将产品资料发给我，这个产品被描绘得天花乱坠，我修改成突出一个亮点，他无论如何都无法接受。他自认为是营销高手，他认为他的产品就是这么好。我解释：买单的是客户，你觉得好没有用，要让客户觉得好。他坚持认为，产品的优点就应该让客户知道。我说，客户选择产品不是因为优点，而是因为自己有难点。最后如果不是我“拍案而起，威胁利诱”，估计想改个产品资料都难。可见，在人们的心中，贪多是多么的顽固。

其实聚焦本身并不难，难的是心结。打开心结只需一个字：舍！辅音在 2018 年年底正式启动推广学习投资卡项目，按照原定计划，我们在春节前后还有三个公开课，但我知道，如果不改变计划，就会心挂两头，必将受累，所以果断取消这三次公开课，全力以赴推进学习投资卡。不仅如此，还调动部分咨询人员参与组建战斗小组，我自己带头拜访客户，聚全公司之力进行突破，成绩斐然，而这一举措，恰恰解放了 2019 年的招生资源，可以增加更多场次的公开课。

第二十二章

聚焦直接的利益是什么

利益起于点，止于面。企业经营最需要聚焦的六个点：企业发展战略聚焦、市场聚焦、客户聚焦、产品聚焦、企业资源聚焦、员工学习聚焦。

企业发展战略聚焦，就是现阶段你该干什么，不该干什么，阶段性经营核心太重要了。很多企业这么多年一直纠结于做渠道还是做规模客户，总认为经销商的时代要结束了，规模客户的时代到来了，纠结了好多年之后，发现经销商依然活着，自己不行了。为什么？就是因为战略不聚焦。如果现阶段就告诉自己，三年内只做渠道，所有的资源、所有的精力全部放到经销商身上去，经销商渠道反而成长壮大了，销量也会随之上升。又想做经销商，又想做规模客户，开会的时候先谈经销商再谈规模客户，营销人员首尾不能相顾，一将无能累死千军，说的就是这个道理。一个将官不需要枪法有多准，而是知道什么时候开枪。

总是有些东西割舍不下，是导致战略分散的主要原因。看别人做什么都赚钱，看别人吃什么都香，当一个企业在羡慕别人时，其实自己可能正被别人刻骨地羡慕着，这就是戏剧而残酷的现实。我一直在拒绝诱惑，这些年辅音才没有太多折腾，多少朋友给我们建议，进入房地产咨询，或者参与实业，等等，机会似乎唾手可得，可我最终选择了放弃，我从内心感觉到，有时选择不做什么真的很难。也许我真的错失了机会，但一定是小概率事件，我真正醒悟是基于我认识到：别自作多情，小概率的成功不会垂青于我。

市场开发最容易做的就是遍地开花。通常情况下，一个团队接手一个市场，很容易做的事是划分市场，最难做的事是共享市场。人人都有领地，不代表人人都有用武之地，能够认识到这一点，是很重要的。科学的市场开发是，不管市场有多大，都要找出现阶段重要的市场，其他市场暂时不要去管它。如果企业能够做到这一点，一定会成功，有所弃必有所得。

已经成熟的企业对于以前的市场怎么办？也就是某个市场已经经营了很多年了，怎么办？没有关系，把老市场打包，一个包不行，就打两个包，例如这个市场以前是 5 个人，打包给其中 1 个人，让他去维护。其余 4 个人全部抽回来，到哪里？到我们的核心市场去！某一个时间段，即使是核心市场也仍然有主次之分，如果用哲学的概念来阐述，就是主要矛盾和次要矛盾、矛盾的主要方面和次要方面。逐步夯实核心市场，逐步扩大核心市场，逐步蚕食核心市场，这就叫布局。市场不在于大和小，并非市场越大销量越大。有人会想，我这个市场大，怎么做都能销一点儿，这个理论以前是可行的，因为以前开发市场相当于打猎，扛一把枪，出去就能打着一只兔子回来。现在不行了，扛着一把“枪”出去，发现“兔子”都被人家圈住了。因为人家都是团队作战，“兔子”都圈在那里，连“兔子”的影子都找不到，最后扛着“枪”空手回来了。很多公司开营销会议就是这样，月初一帮人扛着“枪”四散出去，月底扛着“枪”回来，“兔子”没打着，“子弹”也没有了。公司又继续给他们发“子弹”，月初出去，月底又空手回来，周而复始，恶性循环。

市场发展到今天，竞争态势发生了改变，或者说巨变，跟以前大不一样了。我们必须要意识到这一点，所以，现阶段市场聚焦比任何时候都重要。

市场聚焦以后，我们再进行客户聚焦。现阶段开发什么客户，不开发什么客户，目标要明确，不同的阶段，目标不一样。例如农牧行业的双胞胎集团，2003 年的时候，确定 3 头母猪以上的客户不是它的客户，2005 年确定 20 头以上母猪的客户不是它的客户；2007 年确定 50 头以上母猪的客户不是它的客户，2013 年确定 300 头以上母猪的客户不是它的客户。这需要何等的智慧和战略定力！在特定的时期，目标客户有明确的划分，不拖泥带水，不模棱两可。客户群体始终是在放大的，有放大的空间皆因为之前的客户群体始终是缩小的，因为小才有大。出类拔萃从来都是这样的，就好像尖子，“尖”上面“小”，所以下面“大”。很多企业上不上，下不下，所以就“卡”住了，企业发展遇到了瓶颈。对于公司来说，把开发客户的标准制定出来以后，事实上很多事情就迎刃而解了。

产品聚焦，是目前企业的一大难题。再看看双胞胎集团，一个工厂只有几个品种的企业简直是极品。我曾经给江西一个集团做顾问，下属一个公司月销售量 4000 多吨，有 300 多个产品包装，包装袋库存 400 多万元。生产部经理根本搞不清楚公司有多少产品，哪些产品还在生产，哪些产品已经多久不生产了。更可笑的是，打包的地方，包装袋里到底是哪个阶段的产品都搞不清楚。可想而知，这样的企业怎么可能稳定产品质量，营销人员又如何去推广企业的产品。更为可悲的是，老板总是剑走偏锋且不听劝阻，直至退出“江湖”。

越是没有竞争力的企业，越是希望通过增加产品种类获取市场份额，不同的种类迎合不同的需求，甚至是莫名其妙的要求，寄希望于每个产品的销量累计获得总销量的提升，却未曾料到市场用脚投了票，客户总是在流失，营销人员总是在流失，销量进入了一个死胡同，在亏损的边缘痛苦挣扎，继而又继续增加新的产品系列来麻痹自己。

不能把一个产品做好，就不可能把每个产品做好。不能把核心产品做好，就不可能把其他产品做好。企业不同阶段，面对不同客户群体，结合企业资源，确定产品系列，做哪个或者不做哪个产品必须要思路明晰。拳头产品、主推产品、利润产品和竞争产品，公司从上到下都必须要做到目标明确。有一点要重申：拳头产品、主推产品和利润产品是可以重叠的。

我们经常遇到一些企业营销人员，到客户那里后，因为公司产品太多，不知从何说起，只得把公司产品目录往桌上一放，告诉客户：我们产品齐全，总有一款适合你。

当一个企业的产品纷繁复杂时，最容易选择和实施的策略就是价格战，当价格战成为杀手锏的时候，营销人员的功能将全部废掉。在一个企业营销会议上，谈到下个月市场准备如何开发时，我听到最多的就是赠包（促销的一种），我只能苦笑，我说长此以往，总有一天连赠包都赠不出去。

一个企业最好不要降价，即使因为原料价格下降有利润空间或有降价压力，也最好选择促销而不是降价。产品涨价费九牛二虎之力，降价只需一个通知。有人认为这二者之间没什么区别，其实不然。就像请人吃饭，如果我不定期请你吃饭，你会感谢我，如果我和你约定，每个月的最后一天我请你吃饭，你可能一开始会感谢我，久而久之，你就觉得这是我应该做的，假若哪个月末我说我今天有事，不能请你吃饭了，估计我得到的不是谅解，而是抱怨，这样的案例屡见不鲜。

前面讲了客户聚焦、产品聚焦、市场聚焦，都是为了企业资源聚焦。事实上这些措施都需要人去实施，所以资源聚焦最重要的就是人力资源聚焦。只有人才聚焦了，市场才可以聚拢到一个地方去，服务措施也就聚焦了。假如贵公司有两个技术服务过硬的人，你的市场聚焦，他一天可以跑三个客户，如果不聚焦，可能三天也跑不了一个客户，请问哪个服务好？人还是那两个人，但结果大相径庭。2 个技术人员聚焦到一个市场，客户就觉得你们企业技术服务力量太雄厚了，值得信赖；但如果 2 个技术服务人员负责 8 个区域，客户就会投诉你们企业技术服务太差了，甚至没有服务。事实上这两个服务人员更累，反而客户抱怨没有服务。

我们再来看服务措施，有的企业服务项目很多，8 项、10 项的，最后落实到位能有几项？是否每一项都做得很好？通常情况，服务项目越多，对方期望值越高，实施难度越大，满意度越低。还不如只做其中一项，或者现阶段只做某一项，下一个阶段再做第二项，反而更能达到效果，贪多嚼不烂。这里还是要强调一点，每一项服务都要耗时的，服务项目过多必将影响服务效率，特别是这种服务是无偿的，企业无力长期承担这种消耗，必然留下后遗症。过度服务必将消耗企业所有资源！

关于员工学习的聚焦，多数人意识薄弱。很多企业都有培训，请进来，送出去，不亦乐乎，也有一些企业到处学习，似乎只要学习了就一定有收获，事实上学得多了也会杂，所以学习也需要聚焦。不是每个员工参加了培训素质就一定会提高，如果没有辨别能力，没有归纳总结，员工参加的培训越多，越是眼高手低，讲起来一套一套的。口才越来越好，思维也越来越活跃，这本来是好事，但若不转化为行动就可怕了，动手能力会越来越弱，员工非常容易跳槽。所以对企业来讲，员工学习要聚焦，那么怎么聚集？

“为高层请导师，为中层请教练，为基层请师傅。”

企业未加选择地参与培训，诱发了很多企业病。特别是请进来培训时，企业总是希望用更少的代价换取更大的收获，理论上是对的，实际上犯了一个致命的错误，就是让不同层次的员工参与了同一个培训。为高层培训时，一般都请名师来讲，觉得多几个学员参与会摊销成本，却忽略了培训的基本原则。

很多企业不管高层、中层、基层都请导师来培训，以为导师水平越高，讲课效果越好，实际并不是这样。有些企业为营销人员培训，点名请我，我当然感谢对我的信任，但我却不愿意看到这样的结果。目前的情况是，给基层员工培训我没有公司其他几位老师讲得好，这是实情，我现在的精力主要是在企业顶层设计、战略规划和核心策划上。给中高层培训，请我是对的，我也要聚焦啊，我不可能一下子讲天，一下子讲地，一下子又讲空气，我也不是神啊！我负责观天，就要把天讲好，我的团队负责耕地，他们才能把地讲好。月初安徽省协会召开年会，请我做一个讲座，我明确提出，不要安排我给大会做讲座了，可以安排与理事会成员做一个分享，效果会更好。

高层更多的是接受理念和运用理论，所以要请导师；中层主要是上传下达，必须能够正确理解和执行企业战略，就需要为中层请教练。教练重在帮助学员熟练掌握基本原理和方法，核心任务就是把中层培养成合格的教练。基层员工，除了心态培训外，更多的是实际操作，操作靠师傅，那就请师傅，需要手把手教。

所以，高层培训尽可能外送，中层培训需要内外并举。有些内容选择参加行业系统公开课，有些内容则需要将教练请进来，按方法、需求演练。基层培训尽可能由内部培训师来完成。

我提倡高层管理者实行导师制，中层领导实行教练制，基层员工实行师徒制。恢复传统的拜师仪式，师傅是一份责任，是一份荣誉，也是一份感情，它是脱离严肃的管理体系之外的一种管理方式，对基层员工的能力提升和增强归属感有现实价值。

如果以上六大聚焦都能执行到位，就一定能够保证战略的清晰、敏锐以及战略的达成。

第二十三章

聚焦的六大敌人

“聚焦”是一个热词，热了很多年，说明它的重要性，也说明难以坚持下去。难必有原因，原因往往并不神秘。导致不能聚焦的原因，可以归结为六个字：贪、嗔、痴、慢、疑、懒。这几个字大家都很耳熟，似乎与佛有关。的确，贪、嗔、痴、慢、疑就是佛教中所说的五毒心，我借用一下，加上一个“懒”字，这六个字虽然不一定有毒，却使得聚焦极易成为泡影。

贪。贪大求全，是物质贫乏时代的产物，产品至上时代，大而全体现的是实力。可喜的是，这个时代结束了；可惜的是，这一思维模式还在影响着一代甚至几代人。中国经历了40年改革开放，取得了重大成就，完成了基础建设，开启了从低端制造到智能智造时代，开启了品牌时代，这一切都需要精致，需要匠心精神。

嗔。表面意思是生气，深层次就是看不得别人好，或者就想让别人不好。所以，别人做什么，我偏做什么，搅局一下，让别人不得安宁。还有就是看别人做得好，也去蹭热度，能蹭上自然皆大欢喜，蹭不上似乎也没有什么损失。更有甚者是自己觉得在某些方面不如对手，便企图在外在形式上制造虚假繁荣，自欺欺人。这种心态在相当长时间内影响了一部分人，工作的激情不在于实现价值，而是挫败竞争对手甚至周边无关紧要的人，使得自己无法专注，无法卓越。

痴。自以为是，过于执迷于自我的一切都为痴。特别是技术型老板，沉湎于技术的突破而不能自拔，视经营企业为业余爱好，对开发新产品乐此不疲。我们鼓励研发新产品，但产品必须为客户所用，没有销量的优秀产品是资源的极大浪费。新产品投放市场一定需要策划，策划不仅仅是确保新产品能够快速提升销量，还有一个目标，就是当一个新产品出现，必须要有一个老产品退出，当企业本身产品较多时，一个新产品的面世，意味着可能会有一系列产品退出市场，否则，产品只会越来越多。每个产品似乎都有存在的理由，其实多数早已失去存在的价值，在产品之外也是一样，例如企业管理模式，甚至盈利模式。有一个企业，几乎所有高级管理人员都觉察其企业盈利模式有瑕疵，多个核心层委托我和老板沟通，结果是他每次都指导我应该如何经营咨询公司，就像从来没有操作过合作社的人指导我运作合作社一样，令人啼笑皆非。我一直不明白，虽然辅音国际不大，但已经是公认的中国农牧管理咨询第一品牌。辅音国际虽然介入合作社不是最早的，但已经指导行业成立近3000家合作社并成功运营，可见有些人是何等的自以为是。

慢。企业家表现的傲慢往往不是针对具体某个人的，而是针对市场和客户。有些企业家对人和和气气，对市场变化却熟视无睹，对客户需求更是置若罔闻。这种傲慢既不容易发现，又不容易改变，现实中有太多这样的企业，表面上非常谦虚，热爱学习，却从来不曾改变什么。这和聚焦有关联么？当然有！如果不懂得追随市场与客户，所有的聚焦都是错的。前些年市场上的农资经销商抱怨："我一直做农资产品，但销量却越来越小。"似乎抱怨市场不公平，岂知这些年大田种植，其他厂家早已经送货上门了。即使不是大田种植，也已经成立合作社，开始统一采购与配送。

还有一种慢，是迟钝。5G 即将粉墨登场，会给世界带来什么？会给中国带来什么？会给行业带来什么？我们不能等到一切都明朗的那一天，要有动态思维。例如，有人建议我买某个小区的房子，以备养老之用，理由是这个小区智能化程度高。我笑言：等 10 年后我养老的时候，智能化将是所有小区的标配。我需要思考的是，5G 时代高度智能化对咨询和培训将带来什么样的革命？这一阶段我苦苦思考的正是这一点，这将决定辅音国际的生存与发展。

疑。怀疑本身并没有错，一旦被利用，就错上加错。质疑是解决问题的前端，提出方案是解决问题的后端，企业最怕只有前端，没有后端，这比什么都没有更可怕。我在公司内一直强调，如果没有可以提供的解决方案，或者你没有思考过解决方案，最好不要提建议。很多人打着怀疑的旗号表示担忧，使得很多市场、客户、产品不敢改变与放弃，很多不合时宜的政策不敢调整，甚至有些不适合公司发展的人员也不敢调整或辞退，企业机构日趋臃肿，直至陷入危机。任何事的本身都不能简单用对与错来衡量，值得衡量的是结果。例如，企业管理到底采用什么模式更好？没有更好，只有合适。能够让企业得到发展，在现阶段就是合适的。新时代做企业家真心不易，每天要面对那么多的人和事，每个人都可以要性子，唯独你不可以，说话重一点儿，马上就会有人对你品头论足，甚至质疑你的素质。

希望老板做个圣人，却又不愿意像圣徒一样去顶礼膜拜，是当下需要集体反思的一个现实。“当你恨一个人，就让他做老板”，这一句话太深刻了。

懒。懒不局限于懒惰，而是消极应对。例如，懒得离婚，懒得改变，懒得理会，等等，“懒”代表一种情绪，这种情绪蔓延到企业，就变成一切按部就班，不愿意调整战略，不愿意梳理市场与客户，不愿意分析产品，不愿意剖析服务的必要性，甚至不愿意召开一年一次的战略研讨会。

在谈到变革的时候，我们就必然会想起“思维陷阱”和“路径依赖”。

“思维陷阱”其实也是懒的表现形式之一，按照固有思维，不愿意转换新思维。例如，想到要去北方出差，就自然想到带很多衣服，其实完全可以查看天气预报，还要了解清楚到北方具体做什么，如果不必在户外活动，北方其实比南方暖和；还有就是相信车到山前必有路，不愿意提前预判以及了解近期的道路变化。再如，惯性认知飞机一定是最快的，却没有提前预算去机场的时间、安检、延误等各种因素叠加都有可能输给高铁，且存在太多不稳定因素。又如，有人觉得特别忙，就是不愿意花一点时间将手上的事情按照轻重缓急去分类，用忙忙碌碌来掩盖自己的不作为甚至无能。

“路径依赖”有三大表现：一是过去的成功经验。总认为过去赖以成功的经验可以永久使用，岂知环境和资源都已经发生变化。二是过去的失败教训。过去一件事失败了，有时并不是败于能力，而是败于时机，最有可能是败于趋势，时过境迁，时机或者能力成熟了，过去失败的事在今天恰恰具备成功的条件。10 岁时跨不过的沟，不代表 18 岁还跨不过。三是别人的成功经验。当今时代大兴学习之风，特别是游学“泛滥成灾”，学习的目的是提高，而不是学习本身，不少人将学习当成了目的，结果可想而知。学习一定要分类、归纳、总结，没有这三大能力，很容易照搬照抄，画虎不成反类犬，更具危害的是，每个人都可以引经据典批判企业现状，导致企业执行力急剧降低。

思维陷阱和路径依赖是一个顽症，无论是个人还是企业，究其根源，都是“懒”字在作祟。

贪、嗔、痴、慢、疑、懒，我称之为聚焦的六大敌人，建议企业适当开展关于这六个字的大讨论，让每个人从内心去感触一下，无论对企业还是个人都会是一次提升，当务之急就是我们要戒除这六个字对工作与生活的影响，做聚焦的主人。

第二十四章
聚焦是一门艺术

聚焦，首先是意识与决心，其次才是方法，所以，当我们在帮助企业进行聚焦时，最担心的不是执行者的能力，而是半途而废。

艺术和科学总是对立统一的，所以，管理既是科学又是艺术。科学归于理性，艺术归于感性。为什么说聚焦是艺术呢？至少有三个特点值得关注：天赋、敏感、决断。

（1）天赋。成功的创业者一定具有某种天赋，也可称之为特质。通常一个人的成长需要训练十大能力：学习、思维、创新、谋划、交际、说服、自知、自治、合作、组织。从培训的角度，这些能力是可以通过训练技术大幅度提高的，但我们又不得不面对这样一个现实，就是能力强的人未必成功，就有了很多人的怀才不遇。为什么？能力多属于智商，智商高的人，理性思维能力比较强，因为看得清楚、算得清楚、想得清楚，一切都清楚了，也就透明了，更可怕的是，他们认为别人也会透明，甚至强迫别人透明。可惜，这世间还真没有多少东西是透明的，很多事物并非非此即彼，而是介于二者之间，且相互转换并无规律，在这种状态下，就必须有艺术性思维，巧妙转承，这就是通常所说的素质。

素质不同于修养，今天分享的十大素质：诚实、壮志、自信、恒心、乐观、自我管理、影响他人、敏锐机智、数理逻辑、正确思考。我在对照十大能力和十大素质后，终于明白了自己的致命缺陷在哪里。可以说，十大能力于我都不是最大障碍，重点在于欠缺三大素质：恒心、自我管理和正确思考。研究发现，缺乏恒心，壮志一定会落空，就会陷入“常立志”的旋涡里，无法做到“立长志”。缺乏自我管理会直接削弱自信，没有管理的自信，极易导致自负。缺乏正确思考，就容易忘记初心，盲目乐观，将手段当成了目的，这是很多人至死都没有醒悟的。其实正确思考并非真的不懂思考，而是不懂取舍，小事上精明，大事上糊涂，人与人之间有时就差这一点。

天赋往往属于艺术范畴，天赋秉性影响的一定是情商，是性格，是眼界，是魄力，这些都是无法计算的，甚至无法总结，因为它毫无规律，且无法复制。只要对天赋欠缺有所认知，我们就可以通过提升素质来弥补它，或者通过团队来共同完成一个目标。对年轻人而言，倾向于提升素质，对于有一定生活阅历的人而言，如果意志坚强，也可以通过改变自己提升素质，如果实在为难，建议通过团队来完善，可能也是一种有效的选择。

（2）敏感。大多数人喜欢花香，偏偏有人因为花香健康受损，这是体质过敏。但有人天生对于信息过敏，信息就是商机。有些企业并非不想聚焦，而是对于趋势的把握缺乏敏锐的感受力，总想寻求某种平衡，出发点是降低风险，结局却是增加了风险。人们很难想象这会有什么风险，但若具象化，就会感知风险的存在。如两个灶台煮饭，两个都烧火，木柴可能不够，怎么办？多数人都会先熄灭一个，保证另一个灶台能煮一锅熟饭，否则就无法吃到熟饭了，虽然不一定能吃饱，但绝不会挨饿。在经营企业中，很多人失去了这份敏感，或者抱有侥幸心理，最终一事无成。海大董事长薛华谈到一个细节：去年他带团队到中国目前认为养猪水平最高的企业游学，游学归来集体讨论决定：暂缓投入养猪。理由极其简单，没有人们所说的大数据分析，仅是凭直觉，而直觉的核心就是敏感。当然，基于趋势的判断需要大智慧，站得高才能看得远，这里的高指的是境界。

（3）决断。在趋势未明之前，做一个决断真的很难。所有技术分析都是利弊相间，参数的选择也是见仁见智，最重要的决策往往都不是综合分析与判断的结果，恰恰是一票否决的担当与勇气。上一讲谈到的六大聚焦，哪一个聚焦都无法通过技术分析来实施，必须纳入企业整体战略的考量，而且企业战略必然服从于行业趋势的预判，这种预判需要经验、自信并敢于负责。

对多数企业而言，形成最好的聚焦策略应该请求专业第三方支持，不仅仅是因为第三方的专业化程度高，更重要的是第三方能够突破关联利益的桎梏。这些年我专注于企业顶层设计，帮助不少企业进行战略梳理，其中一个最痛苦又最痛快的过程，就是聚焦。当服务的企业从战略到市场、产品、人员等因为聚焦创造了卓越的绩效，使我更加深刻地认识到聚焦的战略价值，也指导辅音国际不断聚焦，多年来未敢有丝毫懈怠。

在天赋、敏感、决断之外，应该还有一些特点，也可以借助一些管理工具来强化这些特点，例如 OEC 管理、现代营销 5S 管理（这是我在 1999 年的创新之作），做出决定只是一个点，而聚焦一定是一个过程，追踪是过程的催化剂，这一切都源于对企业美好愿景的追求。

第二十五章

为什么短板理论已经失效

很多舶来的理论为中国的发展做出了巨大贡献，但要深知这些理论的产生背景已经发生改变，特别是进入21世纪后，变化之快快到让你无法捕捉，理论升级正当其时。

短板理论指的是一只木桶能装多少水取决于它的短板，也叫木桶原理。根据诺贝尔奖获得者库斯的交易理论，当企业内部交易成本低于外部交易成本时，企业各个生产或服务环节均在内部完成，所以企业必须要补齐内部的短板。这个理论曾经风靡一时，说明符合当时社会发展的需要，一个强调自力更生的民族更是视为宝典，加上高考招生有单科最低分数限制，使得短板理论更是深入人心。时光飞逝，科技的发展使得沟通越来越简单、便捷，物流、交通越来越快捷，单一企业制胜时代结束了，取而代之的是平台制胜时代，平台的最大功能是分工协作与融合共享。如果我们现在还沉迷于弥补短板，可能根本等不到补齐的那一天就寿终正寝了。

企业资源内部配置已经严重制约了企业的发展，重复研发、重复制造与重复配置不仅导致社会资源的浪费，更致命的是将企业置于“完人”

的高地，而这恰是信息爆炸时代的症结，导致成本无限增加，效率无限降低。

我在 2003 年创立辅音，开始时主要是为企业做顾问，那是一个相对比较轻闲、稳定且压力较小的工作，但在与企业的合作逐步深入后，我明显意识到我的综合能力已经不能为当下的企业解决系统问题，此时就面临挑战，是招聘专业人员搭建专业团队，还是寻求外部合作？ 2006 年 12 月，我到北京走访当时的几家行业咨询公司，寻求合作甚至做好被别人兼并的思想准备。我知道如果再不改变，必将误人误己，个体式的、夫妻式的咨询公司只是头痛医头、脚痛医脚，不可能帮助客户系统解决问题。走访的结果令我大失所望，因各种顾虑未能达成一致意见，但我并未停止寻求外部合作。直到 2009 年才打开合作之门，2010 年再度融合，并于同年 5 月 8 日启动与中国最大的农牧企业——新希望集团的合作。当时新希望已经成立 28 年，辅音国际是新希望启动与外部合作的第一个咨询企业，我们深感荣幸，也感觉责任重大。

后来陆续启动几个咨询项目，在合作过程中，我们的优势比较明显，战略规划与营销策划是我们的“长板”，但短板也开始显现，品牌的策划与管理有明显的劣势。所以我在成都约见天地经纬周尚书，洽谈深度合作事宜，也是因为各种顾虑被搁置，但我从未放弃合作的愿望，直到 2015 年。

我感到作为咨询公司已经不再局限于解决单一问题，而是注重多维度提升，虽然我们不可能全部解决企业存在的问题，但有些关键问题的解决必须要有系统化解决方案，例如，战略规划和营销策划之间，一定需要一个沟通的链接点，这个点就是品牌，所以缺乏品牌提升的战略和营销从战略路径上来说是不完整的。之前我们也做品牌策划与管理，但因为不够专业做起来很吃力，我也设想过组建自己的品牌团队，最终还是放弃了，因为我觉得外部融合是最好的提升路径和方法，而恰恰天地经纬符合整合的一切条件：专业、专注，价值观一致。同年，我们也启动与北京农合管理咨询公司（以下简称“北京农合”）的深度合作，绝非一时心血来潮，而是洞察到未来发展的主旋律，那就是资源整合、分工协作。2016 年 4 月，作为发起方，10 家企业在合肥成立“布谷农业产业化整合创新咨询联盟”，简称“布谷联盟”。联盟成员仍在发展和优化，目的就是打造一个围绕客户发展的环形服务平台。客户成长的需求就是我们整合的方向，我们力求通过平台上的企业融合帮助客户能够系统地、无缝隙地获得支持。辅音国际注重顶层设计，探明未来的方向，天地经纬进行品牌提升的一系列活动。在帮助企业进行渠道升级中，北京农合进行合作社的全方位服务：为使合作社资源配置更便捷，我们引入资金提供方万豪投资、生态循环方案提供方和实施方海尚环境；为提高企业对客户的管理能力，我们引入爱到位；为链接农业与牧业领域的大融合，我们引入农产品品牌管理方天下星农；为实现农产品交易平台的打造，我们引入了蛋 E 网；为使特色农产品能够有效对接市场，我们引入了康铭泰克；还有提供传播、资信与数字化服务的通威传媒、今日头条、中视金桥、中信期货、搜猪网等。近期我们又引入两家咨询企业：一家是专门为企业提供营养解决方案以及帮助企业技术总监升级为产品架构师的汇智邦，一家是为企业提供成本管控软件的服务企业上海麦汇。这些企业都有一个共同点：为同一客户提供不同类别的服务，且互相增值。也许我们不会同时为同一企业提供服务，但是在进行主要项目服务时，我们一定能够提供其他领域专业的建议，因为联盟内部就有专业的导师在辅佐我们。

我列举布谷联盟这个案例想表达这样一个观点和信念：咨询公司都可以融合，还有什么公司不能融合呢？做自己最强的，融合自己所不擅长的，只为客户服务升级，一切都是最好的选择和安排！

第二十六章

资源整合的核心关键点解析

为什么要资源整合？聚焦本身也是造势，势能的运用对于企业发展有巨大促进作用，所以，聚焦之后快速形成合力是突破的关键。我经常用打钎来比喻，有这样的镜头：在破开巨石时，皆为一人扶钎，几人有节奏地锤击。扶钎等于聚焦，几人同时发力，就是资源整合。钉钉子靠一人之力就可以完成，破开巨石靠一人之力必定力不从心，企业经营也是一样，企业发展到一定阶段，基础得以壮大，面临的压力也会加大，相当于一块巨石，此时企业需要突破才能获得进一步成长的空间。当企业完成聚焦的变革之后，最好的状态是能在短时期内发力，整合内外部资源服务于同一个目标，力度越大，突破的速度越快，摩擦力越小。这个时期最怕徘徊不前，结果一定是人心涣散，资源消耗，离既定目标越来越远。

首先，是企业内部资源整合。一个企业的资源不可能只有一种，也不可能千篇一律，不能强求每个人都是某个方面的专家或者能手，总是各有所长。企业经营过程中，各种有效资源的有机整合，才能发挥最大价值。

企业处在不同阶段，对资源的需求是不同的。企业对自有资源的创造能力是有限的，但企业总是要盈利，超出企业能力之外的资源配备，以及超出企业品牌之外的资源要求，会使企业遇到各种各样的困难。所以，企业首先打造的团队一定是经营之中必不可少的，我们称之为“主力军”，但是有些功能型人才并不需要面面俱到，完全可以借力，企业还应该有一支“借力军”，帮助企业安然渡过某个阶段，形成向上的一股力量。借力军的建设，并不是利用别人，而是同样为别人搭建平台，利用一定会被反利用，只有胸怀成人达己之心，借力军才愿意发挥作用。

对于中小企业，这是必不可少的，只是一些企业还没有充分认识到借力军的重要性。在一些发达国家，各行各业的借力军都非常强大，而且专业化程度极高，即使是养殖业，一个企业的后面也有无数支借力军：技术咨询公司在做强有力的支撑。我 1995 年参观欧洲一个现代化蛋鸡场，就被这种社会分工深深震撼，我才第一次认识到，当分工协作成为系统，养殖场管理其实可以很简单。优势互补，强强联合，人尽其专，物尽其利，可以让企业成本更低，效率和效益更高。华为将这一点做到极致，华为的强大不仅仅是自己的强大，而是围绕华为服务的一群企业融合力无比强大。明晰企业发展“主力军”和“借力军”，贯彻让聚焦更彻底的资源外包战略，建立活性资源高效协同模型，可以让很多企业在焦头烂额的资源状态下最大限度地得到解放。

辅音国际这些年做项目明显比以前高效，即使举办千人规模的中国大农业营销年会也如行云流水、井井有条，正是具有强大的借力军，如天地经纬团队、农合团队等，我相信如果需要，还可以有更多的团队参与。

如何让企业仅有的内部资源发挥更高的效率，是辅音国际高度关注的课题。我们为合作企业做企业诊断，并非只是找企业的不足，在多年咨询的实践中，调整了咨询方法，我们会不遗余力地挖掘企业优势。一个企业能够生存和发展一定有其优势，现阶段的发展中遇到的问题，往往是在企业发展过程中渐渐地淹没了企业的优势所致。我们先把企业的优势列出来，然后排列组合。优势组合，珠联璧合，一定可以事半功倍。其中的组合包含：营销组合、技术组合、产品组合、服务组合等。

如今行业竞争形态不断发生变化，单兵作战的优势尽失，真正进入了团队时代，营销团队的组合就显得极为重要。例如，组织营销的一个环节就是要求在核心市场建设营地，营地建设对人员是有要求的。开始是“1+3”（1个组长，3个组员），后来是“1+2+1”（1个组长，2个组员，1个技术服务人员），这样变化是市场的需求，客户群体发生变化，客户需求随之变化，需要技术服务来支撑市场的开发与维护。

产品组合对营销具有推动作用，辅音国际的产品组合是“企业诊断+战略规划+营销策划+内部训练”。现在很多企业推出产品套餐，是最好的产品组合案例。

对于有一定实力的企业，推出组合式服务，有利于发挥每个技术人员的特长，既可以让服务更有效，又可以让每个服务人员各显其能，擅长管理的做管理，擅长技术的做技术。

其次，是企业外部资源整合。中小企业更应该虚心学习，作为生产企业，要学会善待供应商，对于产品技术，真正能够让我们学到最多的是供应商。

供应商企业里负责技术服务的专家，是对产品技术原理理解最为透彻的。技术人员一定要打破闭门造车的困局，和优质的供应商合作，可以学到更好的产品知识和应用方法，而且这是免费的。

关于生产企业质量控制，如果设备和人员有限，建议和专业机构建立战略合作关系，定期或者不定期送交产品进行检测，相信专业机构的检测、检验能力和诚信，让他们替自己把关。在企业经营管理方面，和咨询机构合作，从第三方的角度替企业把脉，跳出企业看企业，可以看得更真实，并非咨询顾问一定高明，而是咨询专家更容易抛弃利益纠缠，发现问题更直接、更透彻，解决问题更果断。同样，要有计划地邀请训练机构为团队做培训，借助训练机构调整员工心态，比自己苦口婆心做员工工作要容易被员工接受。

再次，我们必须强调资源整合的合理性，那就是平台建设。有平台支撑的资源更具持续性、可靠性、先进性。横向平台，就是企业间合作，或者说抱团取暖。互相之间研讨和交流，说不定就会有整合的契机。有的企业生产管理做得好，而你的企业生产管理比较薄弱，那么相互之间就可以达成合作。邀请对方生产部经理到公司来指导，比自己摸索要快捷、经济。有经验的生产部经理，很容易看出你们公司的问题，可以帮你在生产管理方面做一个提升。技术员之间也一样，不仅如此，人力资源、财务、采购等方面都可以互相促进。互动式帮扶有着极其微妙的心理效应，每个人都需要被尊敬，每个人都需要价值感，在自己的企业经常处于一种麻木状态，换一个环境，每个人都会把好为人师的一面表现出来，同时也会把每个人自省的一面激活，边指导别人，边发现自身不足，这是最好的提高方式。

纵向平台建设，旨在帮助企业搭建利益链互动平台，辅音国际发起成立“经销商成长学院”，正是这样的一个设想。经销商成长学院帮助企业为他的客户提供纵向服务；对于规模客户的服务，相对要求比较高，辅音国际发起成立“超级客户成长学院”，目的也是一样。2019 年启动的共建商学院，是更高层次的资源平台建设，必将掀起一场行业旋风，推进行业全面升级。

最后，和大家分享一个意识形态的话题：信心！企业信心来自哪里，一定是来源于资源，资源就是实力。资源生发信心，执行力源于自信。一个自信的企业，往往执行力是最强的。很多企业为什么执行不下去，其实是缺乏自信。领导缺乏自信，管理者缺乏自信，团队缺乏自信。所以，要让我们中小企业有自信，就一定要把企业优势找出来，放到一个平台上去，拧成一股绳。在平台上我们就不是一个人在战斗，而是一个庞大的团队，一个企业能够借到多少平台的资源，往往不取决于自身资源的大小，而是你的状态和信心。

一个充满激情的人或团队，更容易获得信任；一个充满自信的人或团队，更容易得到支持和合作的机会。如果不能表现出这一点，请问你会选择信任并支持么？我想不太容易。

第二十七章

整合的仅仅是资源吗

激活资源需要方法，整合资源需要品牌，优化资源需要魄力。

资源价值是可以衡量的，资源整合真正不可估量的价值却是：愿景、胸怀和机会。整合资源是你多年在行业建立的品牌，如果在日常交往中你没有利他之心和利他之行，资源整合可能是竹篮打水。

（1）愿景。为什么有的人整合资源那么难，而有的人却如此简单？一个没有愿景的企业是整合不到资源的，至少整合不到有效的资源。换言之，当企业想整合内、外部资源的时候，如果不能建立宏大的愿景并设计实现愿景的路径，整合只是一厢情愿，或者即使整合也是乌合之众。

当一个企业失去愿景，所拥有的资源必将成为被瓜分的对象，就像一箩筐稻子。如果想到的是一餐饭，这些稻子就成了待分的谷物；如果心中有万亩良田，这些稻子就是良种。一个好故事就能吸引亿万投资，并不是故事本身吸引人，而是故事背后所展示的企业愿景，资源也是一样。

（2）胸怀。整合资源一定不是单向的，如果只对自己有利的事，就不要去做，它一定不会持久，所以，整合资源时，发现资源方很重要，发现资源方的需求更重要，首先要想到如何利他，若不能利他，就不要过于主动。布谷联盟在邀请成员时，主要考虑两个要素：第一，成员企业对客户是否能够提供合适、有效的服务；第二，布谷联盟能为成员企业带来什么利益。只有符合这两个要素，布谷联盟才能创造价值，才能持续发展。

近几年，辅音国际的客户群体越来越大，邀请辅音国际联合举办会议的企业明显增加，在连续举办几届之后发现，如果这种合作仅对合作方有利，也是不可持续的，因为我的团队利益无法得到保障，即使这一次会议能够正常进行，但不代表下一次能够得到有效改进，这对团队发展是极其不利的，所以我果断叫停。毫不利己，专门利人，是难以持续的，意识到这一点才是务实的思维。

（3）机会。有人提出，我这个企业没有必要整合资源，完全可以依靠自己的资源稳健发展。这里有两个关键词："自力更生"和"稳健发展"。这个思维不能说一定不对，但在瞬息万变的今天，"自力更生"代表风险，"稳健发展"代表可能错失良机。共享时代的最大特征，就是风起云涌，企业可以瞬间形成链或圈，一次性完成以前要若干次才能完成的产业集成。所以，在我们不断聚焦的过程中，资源整合的速度代表巨大的商业机会，当瓶颈被打开，占据优势，就可以为同业设置障碍，禁止同行过度投入导致的红海效应。

愿景、胸怀和机会，不仅通过资源可以带来，更是为资源而生。2019年经济环境会变得更加不可预测，但有一点，这种状态对所有企业是平等的，寒冬里我们无法抱怨天气，也无法改变大气温度，能够改变的只有自己。这是一个分工协作、平台制胜时代，整合资源、加速突破是获取先机的重要手段。

我们经常会遇到这种情况，企业纠结一个问题：求生存还是求发展？我试图说明生存和发展本身并不矛盾，但很多企业却总是振振有词，为了生存而放弃了战略思考，结果是企业岌岌可危，举步维艰，日复一日在所谓为了生存中苦苦煎熬。企业最大的悲哀是每年遇到的问题都是一样的，而每年都不愿意选择改变，与这些人沟通时有时也很无奈，只是警醒自己不要犯同样的错误。

我从内心感谢中国大农业营销年会的举办，因为要举办这样一个高规格的会议，我每年一项重要的工作就是思考行业的趋势以及对行业企业发展战略的合理化建议。每年的3月底之前我必须确定11月召开的年会主题，然后根据年会主题确定能够正确引领行业的演讲专题和论坛主题，再确定演讲嘉宾和论坛分享嘉宾。我们的良好愿望，是希望每年的年会内容可以帮助一些企业梳理下一年度的企业战略，少走弯路，感到欣慰的是，我们基本做到了，这也是年会品牌快速提升的基础，是我们前行的动力。因为持续思考，让我懂得：战略就是指引企业在发展中求生存，如此才能彻底摆脱生存危机。

第二十八章

资源整合方法与案例解析

资源整合不同于兼并重组，其精髓是：不求所有，但求所在。资源整合是企业战略优化的重要手段，整合就意味着可以放弃自己拥有的、并非企业核心或者自己擅长的资源，是取舍思维在企业经营的一次重要实践。资源整合不可能一蹴而就，阶段性改善更有利于整合的实施，也利于资源的选择与获得，利于长期合作的有序进行。资源整合可以划分为四个阶段：

初级阶段：1+1=2。这是最基础的合作，就是你的 1 个苹果加上我的 1 个苹果等于 2 个苹果，属于资源拼凑。

中级阶段: 1+1 ＞ 2。就是你的 1 袋水泥和我的 1 袋沙子, 可以砌一堵墙。

高级阶段：1+1=11。就是我的一个创意加上你的行动，创造了一个产品，营业额大幅度上升。

顶级阶段：1+1= 王。就是 1 个宏伟目标加上 1 群能够为之奋斗的仁人志士，成就了一项惊天动地的伟业。

新时代的企业发展，完全依靠自力更生将寸步难行，整合思维将改天换地。我们来分析一般思维与整合思维的根本性区别：一般思维是基于创造性，先获得，以自己为中心，先拿自己想要的，对方消极应对，结果很难达成；整合思维则是基于整合，先付出，以对方为中心，先给对方想要的，对方积极配合，结果水到渠成。如果整合的远期目标正是双方的战略目标，相信这样的整合一定是直挂云帆，长风破浪。

资源整合应遵循以下六大步骤：战略目标设计，资源要素分析，明确资源需求，选择整合目标，策划整合方案，建设整合平台。以近期正在推进的“大音盛晏生态农业科技综合体”为例，分阶段陈述。

第一步：战略目标设计。建设综合体并不难，难点是综合体能够有效运行且盈利。生态农业科技综合体，关键词是生态、农业、科技、综合，我们选择了湖北麻城乾源农业有限公司（以下简称“乾源农业公司”），战略目标是打造中国第一家种养加商一体化、农产品品牌化、产业科技园与合作社双平台的“生态农业科技综合体”，符合生态循环、带动农民脱贫致富、产业支撑、资源整合分工协作、科技导入等现代农业发展趋势，值得践行并打造模式在全国推广。

第二步：资源要素分析。乾源农业公司是以养殖蛋鸡、中转鸡蛋为主业，拥有自己的蛋鸡养殖基地，有多年蛋商分销渠道与管理经验，但是如果不转型升级，将面临三个方面的问题：一是制约企业继续发展壮大；二是企业必将陷入低层次竞争的恶性循环；三是不符合区域性农业发展的需求，将受到政策制约，如环保、土地等。如何转型升级是当下企业发展的关键。以生态农业为主题，必须真正实现生态循环，将养殖业的粪便转化为特色种植业的肥料资源，大量减少甚至完全替代化肥的使用，化解粪便和化肥对土地的双重污染。既如此，就需要解决两个效益问题：一是蛋鸡养殖本身要产生效益，二是特色种植业要产生效益。否则就极易形成虚设的综合体，没有造血功能的综合体一定是昙花一现。养殖效益有两大制约因素：一是确保养殖效率的提升，需要科技养殖指导与服务；二是确保产品畅销且保持一定的平均利润。第一个确保需要科技企业扶持，第二个确保需要平台支撑。种植效益也有两大制约因素：种什么与卖到哪里。如果是普通农作物，是一定没有效益的，所以必须种植特色农作物，特色农作物就必须有特色加工和销售。

第三步：明确资源需求。根据以上分析，我们需要做的事有：养殖的蛋鸡是否有更好的品种，易于养殖和产品销售？养殖技术是否有企业平台支撑？蛋品是否可以打造蛋品品牌？如何促进蛋品销售？如何保障蛋品品质安全？如何让养殖户更容易沟通？种植什么样的农产品更容易走向市场？如何避免农产品滞销或极低价格导致的损失？所以，我们需要一个具有顶层设计思维与策划能力的团队，一个优质蛋鸡品种提供商，一个蛋鸡养殖技术服务平台，一个全方位保障蛋鸡安全养殖的检验检测技术和工具，一个能够获得养殖户信赖的组织，一个能够解决农产品销售的农产品类别和客户，一个能够系统解决生态循环的环保解决方案和设备提供商。

第四步：选择整合目标。乾源农业公司属于晏家三父子，老晏务实勤奋，两个儿子秉承了父亲的优点，加上经历高等教育，虽经验不足，但眼界开阔，且两个儿子各有特长，长子长于经营，次子善于管理，二人相得益彰。在蛋鸡领域，我了解行业新秀北农大集团，其培育且拥有自主知识产权的北农大节粮蛋鸡具有节粮、高产、蛋品富有特色三大特点，且北农大集团拥有包括中国蛋鸡首席科学家在内的技术团队和技术服务团队，具有蛋鸡科技产业园运营管理经验，拥有蛋商交流和信息分析平台的蛋 e 网，董事长张庆才博士始终以畜牧富民为己任，属于优质资源。湖南海尚环境，李新平董事长十年如一日研究生态化解决环保难题，推进畜草平衡，并研发饲草粉碎发酵成套设备等专利产品，非常适合种养结合一体化家庭农场解决方案。辅音国际，15 年农牧行业管理咨询经验，5 年现代农业合作社运营管理经验，是中国唯一的从顶层设计到实际操作并率先提出合作社 1.0、2.0、3.0 模式的咨询管理企业，中国农牧管理咨询第一品牌。基于以上资源整合的必要性和精准性，我们决定深度合作。

第五步：策划整合方案。2018 年 9 月，我与北农大集团张世清副总裁、曹刚副总裁赴麻城调研，决定启动项目合作方案：

（1）成立北农大蛋鸡科技产业园，吸收有意愿的、符合条件的蛋鸡养殖户入园，统一管理。

（2）对原有蛋鸡养殖进行升级，品种逐步更换为农大五号，便于蛋品品牌策划与升级。

（3）北农大集团对乾源农业公司自养的蛋鸡养殖基地实行技术托管，帮助乾源农业公司培养技术团队，打造养殖示范基地。

（4）北农大集团在科技产业园投资兴建养殖检验、检测中心，提升蛋鸡养殖管理水平和防控水平。

（5）海尚环境帮助乾源农业公司设计并管理有机肥车间，同时，在目前油茶种植基础上，设计畜草平衡，以解决油茶存在的销售困境。

（6）为解决蛋品销售难题，拟成立现代农业合作社，发展园区养殖户为社员，参与合作社运营与分红，通过资源整合、分工协作，回收所有社员的鸡蛋，通过合作社进行初级加工、分级，打造蛋品品牌，促进蛋品销售，确保社员利益。

（7）建设家庭农庄，探索特色农产品及品牌蛋品消费和销售平台，为淡季蛋品销售开辟新渠道、新用户，满足市场对特色农产品和畜禽产品的需求以及信任。

第六步：建设整合平台。辅音国际经过市场调查与整体规划，与晏家父子、北农大集团、海尚环境进行深入研讨后决定，正式成立北农大蛋鸡（麻城）科技产业园，成立大音盛晏合作社，按照最初的设计方案稳步推进，效果显著。2019 年 1 月如期召开首次合作社分红大会，得到麻城市政府的高度肯定。事实上这才刚刚开始，相信当“生态农业科技综合体”完全成型后，对于麻城这个将军县的脱贫致富，对于全国的生态农业循环可持续发展具有很强的示范和推广的社会效应。利在当下，功在千秋万代。

第二十九章

突破点再次令人豁然开朗

当聚焦和资源整合都处于一个良好状态时，突破点就自然生成。我们观察很多企业，创业前期成长较快，当企业越过生死线之后，开始横盘，持续数年没有增长或者增长反复，出现典型的俯卧撑状态。股市上有个词语，叫“久盘必跌”，用在企业其实非常贴切。这种状态的出现有多种原因，骄傲者有之，麻痹者有之，能力所限者有之，这对企业成长的破坏性极大。企业盘整，代表遭遇发展瓶颈，这与植物的停止生长性质不同，对企业而言，一定会出现三大困境：

（1）人力资源困境。企业最具价值的是人力资源，而人力资源的核心是成长空间。当一个企业停止生长，有成长需求的员工必将择木而栖，人心思奔。

（2）品牌困境。企业茁壮成长是品牌累积的过程，就像植物着色，需要不断累积，一旦停止累积，颜色就无法保持，而是开始褪色。

（3）势能困境。任势者，如转木石，当企业停止生长，势能必将衰减，从供应商到客户，都会降低对企业的信任和期待，这种无形的改变有时更加可怕。

所以，企业必须在合适的时间寻求一次性突破，势如破竹。当企业未能如期突破时，首先需要反思是否做到了聚焦。聚焦不是简单地说只做一件事，而是分四个层级：是否只想一件事，是否只做一件事，是否全公司都只想一件事，是否全公司都只做一件事。真正聚焦是企业上下一心，全力以赴，做到这一点实属不易，这是一个系统工程，不是一句口号。聚焦和企业目标是密切相关的，聚焦为目标服务，所以目标的制定就极其重要。阶段性目标具有单一性，更容易实现，特别是成长型企业。生产型企业根据生产规模的不同会有一个基准产量，基准产量的标准是可以有效分解采购成本和管理成本，所以，企业的第一目标一定是聚焦所有资源，以最短的时间达到这一销量。例如，一个工厂的产能是 10 000 吨，单产一般是 6000 吨。按照成本曲线，达到这个销量后，继续增加销量对采购成本及管理成本的影响有限，这个销量就是第一目标。盈利只要没有违背价格政策，仅是成本原因特别是营销团队成本和渠道成本导致亏损，都是应该接受的。有些成本的增加恰恰让总成本递减，计算成本一定要核算战略成本，战略成本可以像固定资产一样折旧，如果能够做到这一点，聚焦就变得更有价值。负荷不足前提下的目标设计，特别是“量利双增”，本身就是矛盾的。对企业而言，量利双增当然皆大欢喜，但是在经营策略上围绕量利双增反而易导致量利双降。坚守产品价值和价格原则，量的上升必然会带来利润的增加，“量”是“利”的前提条件，没有一定销量支撑的“利”是不可持续的。这对成长型企业算不上艰难，难的是战略性思维，侥幸心理和路径依赖使得企业很容易陷入随波逐流的状态。企业经营永远是第一位的，只有当管理开始制约经营的时候，才需要提升管理，现在一些企业谈转型升级，侧重点往往是管理升级，这是目前企业界最大的困惑。当企业遇到难点的时候，老板首先想到的是如何强化员工学习，而忽略了战略咨询。员工心态和技能可以通过训练获得，而经营的问题，通过员工学习只能延缓问题的解决甚至掩盖问题，但不会消除问题，在下一个时间点会酝酿更大的问题，只不过此时企业往往认为这一切都是竞争的结果，然后以竞争策略的调整再一次让企业错失突破良机。

聚焦能否达到如期突破的效果，还在于作用力的大小，管理者的思维很容易局限于企业内部资源而忽略外部资源，这是多数企业难以突破的重要原因之一。内部资源整合固然重要，对于成长性企业而言，有时会力不从心，借势借力都是必须的。2003 年辅音国际刚刚成立，仅凭我个人的影响力很难在行业中快速树立品牌，需要得到认可我且在行业内拥有更大影响力的人的支持。我非常感谢禾丰牧业董事长金卫东先生，在辅音国际成立之初即主动提出为辅音国际担任顾问，免费在论坛演讲，并愿意以禾丰牧业的信誉为辅音国际背书。虽然我在最初几年很少直接借力禾丰牧业和金卫东，但有此保障我内心更加踏实自信。还有正大康地同事联谊会的同仁，一股无形的力量构成我前行的动力。

阶段性的突破最容易带来的未必是利润，而是人力资源成长通道和品牌影响力，简称“人品”。“人品”之势会促进员工意愿度与凝聚力的提升，改善客户关系，进入企业发展良性循环，在切入点之后，能够以最快的速度迎来突破点，是优质企业的发展要诀。那么，如何挖掘突破点？如图 2–1 所示。

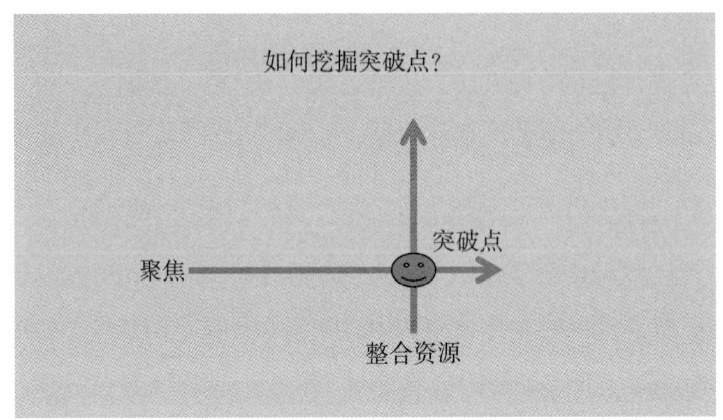

图 2-1　如何挖掘突破点

企业一旦形成突破，必将进入快速成长阶段，这个阶段展现一派欣欣向荣的景象，这一切都是经营的成功。那么，这种成功如何才能持续？作为管理者，务必提前预知繁荣景象背后的烦恼。

第三篇

整合势不可当的引爆点

第三十章

成长型企业最大的烦恼就是成长

这似乎是一个悖论，却是现实，正所谓成长的烦恼。小孩子的衣服和鞋子总是变小、变短，现在条件好了，小孩子的衣服和鞋子换得快，感受不是很深刻。我们小时候能穿上塑料靴子是一件很幸福的事儿，几年只能买一双，不断长大成了人生第一类烦恼：靴子总是太小。当然如果不长大，就成了灾难。成长得越快，烦恼越大，我们应该做的不是扼制成长，而是学会与成长的烦恼和谐共存。

成长的企业，一切都在成长。产量、服务、团队、市场、客户、营业额等，如果成长过快，我们还会措手不及。企业一旦突破一个现实瓶颈，都会带来一次快速成长，特别是销量的增长。销量增长很容易出现的问题是产能不够，生产繁忙导致产品品质不稳定。客户数量增加，又遇到产品品质不稳定，投诉量必然增加，因技术人员数量有限导致服务不及时，使得客户产生抱怨，继而加大投诉力度，因销量增加、产能受限使得营销人员怠慢于市场开发与维护，更多时间参与处理客户投诉，企业开始忙乱，这本是正常现象，企业此时如果处理得当，可迅速进入发展快车道，但现实中企业经常会采用以下两种方式：

方式一：强化行政管理。因为品质不稳定，所以加强品质管理和客户满意度管理，对生产员工、技术服务人员、营销人员等相关岗位进行奖惩，结果是奖少罚多，员工士气受到重挫。本可以藉此激励员工，却走向了相反的方向。

方式二：盲目扩张。因为产能不够，企业觉得只要扩大生产就可以解决眼前的一系列问题，开始租赁生产或者代工，一片繁荣景象，可惜好景不长。

为什么以上两种方式都出现不利的结局？方式一中，品质不稳定真正的原因并非员工责任心不够，而是生产负荷太大，不解决负荷问题而强化员工工作强度，短期是可行的，长期一定会出问题，技术服务也是一样。营销人员一旦陷入危机处理思维，其市场观念必然随之转变，对于客户价值的理解就发生了偏差，不求有功但求无过的意识弥漫整个企业。方式二中，扩大产能表面上是对的，但必须可控；若不可控，反而是助推事态的恶性发展。企业能否持续健康发展，绝不是看在逆境下如何应对，而是在顺境下如何思进。

我在 2003 年辅导一家企业，当时产品销量只有 900 吨 / 月，经过对产品策略的调整，以及加强内部管理，提升产品品质，用了不到 9 个月的时间销量上升到 3300 吨 / 月，可以说是奇迹。我深知这家企业产能受限，管理粗放，在合作时即建议，当销量达到 3000 吨时，应进行内部深化管理。此时我建议董事长立即停止销量的持续上升，借此机会强化市场管理、客户管理、货款管理、产品管理。可以采取的策略有：

（1）对非核心市场的非核心客户，采取收预付款政策，主动升级核心客户。市场越集中，对服务人员的压力越小。

（2）提质提价，淘汰低利润的产品，让产品线尽可能单一，主动淘汰低质量客户。客户质量越高，产品品类越少，产能释放越大，对服务的需求越小。

（3）整顿营销团队，对营销人员加强习惯和素质管理。此时因销量已经超越成本线（该企业约为1800吨），营销人员有一定的收入和收入预期，更容易接受企业管理，同时可以藉此淘汰贡献低的营销人员，让队伍更有效，更正向。

可惜，此企业选择了扩张，寻求代工，销量再一次上升，之后开始下降。为促进销量稳定，公司出台一系列宽松政策，且是最拙劣的政策，其结果是货款与价格从此一蹶不振。这里犯下两大致命错误：一是在无可输出管理模式和人才情形下实施代工，无异于饮鸩止渴；二是通过代工扩大销量来解决产能问题，事实上加大了品质不稳定因素，而导致客户投诉更加强烈，最终选择放弃。

很多企业抓住了突破期，却死在了扩张期，皆因有扩张之心，而无扩张的系统资源，就是人力资源培养体系建设。“蜀中无大将，廖化作先锋”，是多数企业扩张而败走麦城的根源。当下有些企业喜欢挖创业团队进行扩张，失败者居多，究其原因，未必是所引进之人无能，而是企业文化不能传承。文化深厚的企业可以如此操作且成功率高，一般性企业必败无疑，表面上都是合伙创业，但失去文化的制约，人性总是将灰暗的一面表演得一览无余。在冰岛，我们下车去几个景点，都必须向一个方向倾斜，只因风太大，要想站稳，就必须倾向风的方向，这就是文化生产力，但前提是：风足够大。

还有一个特点，就是企业一旦遭遇挫折，老板往往不是深度分析，调整战略，而是想不惜一切代价维护现状，这是加速失败的又一痼疾。你会发现，为了维持而维持，是最低效的企业活动，一旦企业停止成长，后果不堪设想。

第三十一章

成长型企业的死穴就是停止成长

虽然成长必然带来烦恼，却是喜悦的烦恼，当企业停止成长，成长的烦恼消失了，同时消失的是企业的生机和成长预期。相当于一辆快速行驶的车忽然停止，全车的人都不适应：先是由于惯性向前，再是因为后挫力突然向后。企业也是一样，先是由于惯性，企业还会向前发展，此时的发展绝非动力使然，而是假象。紧接着发生的事才是必然结果，就是整体向后的力量使得企业开始衰退。优秀的司机是车在行进过程中有快有慢，基本上不用刹车，主动减速是避免急刹车的重要手段。主动减速在企业经营中就是战略调整，即使行进速度放慢，但车上的人不觉得是在减速，而是加速前的预热，车上的人既不会胆战心惊，惊慌失措，也不会心急火燎，心态失衡，反而觉得张弛有度。持续的预期是心态最好的镇静剂，是希望最好的催化剂，是未来最雄壮的战鼓。所以，一个企业如何保持成长曲线是第一战略。

企业最大的忌讳，是业绩好的时候就开始疯狂扩张，像骑上了一匹野马，让所有人感觉到奔驰而过却望尘莫及。扩张没有错，但越是在这种状态下，越要稳健。稳健的前提之一，就是团队建设，团队建设的核心就是提高人均绩效。企业最担心的是利润的增长和人数的增加掩盖了人均绩效，团队成长的关键不是数量，而是质量。质量来源于人力资源培养体系。

企业第二大忌讳，是业绩不好的时候就开始裁员。如果，业绩不好是人的问题，此时裁员相当于栽赃或者推卸责任，应该先裁掉管理人员。如果是市场突发问题，此时裁员相当于不战自败。例如，非洲猪瘟突然降临，许多猪场难以为继，以猪场为客户的饲料企业必将受损，有些饲料企业开始启动裁员。我和某董事长沟通时指出：非洲猪瘟属于突发情况，对每个猪料生产企业所构成的影响几乎是一致的，而且非洲猪瘟一定是阶段性影响，谁能够顶住压力跨过这一难关，谁将获得最终的胜利。此时企业绝不能裁减营销人员和技术服务人员，优秀的团队不容易建立，若现在裁员，将兵败如山，裁掉一部分人必将吓走一部分人，再伤心一部分人。等到市场复苏，再来扩大团队时，会发现曾经的豪情与理想已显得苍白无力。此情此景，建议一方面通过实际行动增强全体员工信心，一方面开辟第二战场或第二产品线，同时加强员工学习与训练，启动人力资源追踪功能，及时吸纳市场上可能被其他企业裁减的优秀人员。对每个企业而言，趋势不明时，气势决定成败。

老家有句俗语：不怕慢，就怕站。车行高速路也是一样，只要车子在动，心里都会感到踏实；如果车子停滞不前，就会有很多人下车观望、抱怨、后悔甚至怒气冲天，想办法掉头，等等。想象一下：如果企业发展停滞不前，会出现什么？情绪也是生产力，负面的情绪一旦出现，一会扩大，二会蔓延，三会发酵，四会爆发。扩大就是将已经过去的负面信息集中发泄出来，蔓延是将此事与其他事链接或者传导给相关人员，发酵是将一件小事通过各种猜测、臆测无限扩大化，爆发是因为一件小事通过过激行为引发灾难性后果，而一发不可控收拾。

寻求战略调整以主动减速，是挤压泡沫的夯实过程。华为不断制造危机感就是控制速率，这种速率不仅包含企业发展的速度，还包含企业自身以及外界对于企业发展的预期。我们未必要将企业战略调整公布于众，但必须在企业内部进行战略宣导，让全体员工心中有数。社会上好事者众，只要有蛛丝马迹，必有人主观臆测，再加上个人好恶开始添油加醋，也有人为了博眼球故弄玄虚。好事不出门，坏事传千里，对企业品牌构成极大伤害。有时战略调整带有一定的隐秘性，只需企业内部理解并行动即可，待事态明朗再加以宣传，效果会更好。2000 年我在一家企业，依据客户战略调整产品战略，采用聚焦原则，果断放弃一部分产品销量，主攻核心产品。在产品结构转换未完成期间，总量有所下跌，市场上开始风言风语，众说纷纭，甚至臆测公司要倒闭。一年之后，产品结构调整成功，外界哗然，又开始“神话”该企业，此种现象屡见不鲜，但不可麻痹大意。企业最大的忌讳，是在遇到问题时，不是关注自身因素，而是“神话”竞争对手。

所以，我们要做到：其一，企业即使遇到最好的发展机遇，也要保持警醒，控制速度，不可失速，失速之后就可能带来不可预料的减速。记住：所有大幅度减速，一定产生停止生长的预期。其二，遇到困难时期，要制造或创造企业在慢行的感觉，而非停止前行。其三，即使遇到不可抗逆的因素，战略调整也应果断决策，人力资源分流分置，优化人力资源而非裁员。

第三十二章

快速成长的最佳方式是裂变

从一个受精的卵细胞到人的出生，经历了细胞的裂变，几何级数的增长威力之大超乎想象。如何才能保证从一个细胞到人不出现任何偏差？裂变是误差率最低的方式，复制的核心是可控。

创业时可能是一家不大的企业，成长的历程就是建立示范，创模、建模、固模是三部曲。创模是摸索的过程，建模是提炼的过程，固模是升华的过程。多数企业都有创模过程，但缺少建模和固模，企业未能固模而启动扩张，往往是悲剧的开始。

如何创模、建模与固模？创业者都是天生的创模者，但未必具备建模的能力与素质，成功的企业都会在此时借力于第三方咨询企业，在咨询团队的引导下对模式进行梳理与提炼，这个过程需要公平公正的环境，只有脱离利益纠缠才可能建立合理模式。任何一个模式都不是尽善尽美的，需要经过企业与市场的检验，企业通过规章制度检验内部协作性，市场通过客户需求检验外部价值点，当内外部相对协调并且企业、员工与客户三方都能获得较满意价值时，这个模式阶段性优势就建立了，此时再进行内外部总结，然后进行固化。固模必须是以文字构建流程，以数字构建标准，以人力资源为载体，三者缺一不可。

为什么以人力资源为载体？从基因角度解释就很简单。子女为什么像父母？显性基因很重要。企业有哪些显性基因？一是企业发展战略，二是企业文化，三是营销策略，四是质量方针，五是财务策略。当企业启动扩张战略成立子公司时，子公司的五大核心基因必须得到遗传：总经理必须理解并贯彻企业发展战略，这一点尤其重要。如果总经理的价值观与董事长的价值观不一致，这个企业的策略就一定很纠结、很扭曲；如果人力资源管理者不能理解并执行企业文化，就无法让全体员工认同并践行企业文化，以客户为中心就可能成为口号；如果营销经理不能理解并贯彻营销策略，市场定位、客户定位、价格策略、服务策略等一些列营销策略都会跑偏；如果品质管理经理不能理解并执行企业质量方针，品质稳定就会成为奢侈品，就会因为成本降低采购品质要求，降低生产品质要求；如果财务经理不能理解并执行财务原则，就可能放松应收账款管理而出现坏死账，更会因为应付货款管理出现信誉损失而失去供应方的支持，导致采购进入恶性循环。如果我们希望裂变而不是派生，最稳妥的方式是先培养显性基因携带者，一套人马，即总经理、人力资源经理、营销经理、品质管理经理、财务经理，可控性可以将扩张的风险降到最低。

目前行业的现状是，要么从公司里选择一个董事长信得过的总经理和财务经理派驻，要么从子公司挖一个业务过硬的总经理，派一个财务经理，由总经理组阁，美其名曰：用人不疑。这两种情形风险巨大，为什么？我在前面已经强调，裂变重要的是基因，用的人且不说是不是一套人马，至少所用之人要属于显性基因携带者。董事长信得过不代表是显性基因携带者，“空降”总经理只是基因相近，不可能完全一致，此时稳妥起见，就要帮他推荐几个显性基因携带者，甚至应该是总经理建议董事长选派几个显性基因携带者。既然你相信他，他就应该相信你，这叫互信。如果这一点都做不到，你为什么要相信他。有些职业经理人利用一些流行观点绑架企业，以谋取私利，投资人不能不防。若真无私心，不妨开诚布公。

大家一定会问：显性基因携带者从何而来？我想这正是企业梦寐以求的，也是企业核心竞争力所在。显性基因携带者首先一定是企业文化认同者，其次必须是企业文化的践行者，同时必须具有传播与弘扬企业文化的意愿与能力，具备较高的企业管理能力与素质，这绝非一个故事、一个案例、一次演讲、一番表白、一堂培训课能够达成的，而是系统化熏陶、学习与教练的硕果，这就是企业人力资源培养体系建设。人力资源培养体系并不等于企业大学，中国企业千千万万，企业大学成功者寥寥无几，就因为企业需要的是人才培养体系，而不是徒有虚名的企业大学，不是企业大学错了，错在企业大学最终演变为企业培训部。人力资源培养体系一定是基于开放性的人才培养，以企业战略人才培养为主，技能型人才培训为辅，是在企业实践中发现并培养基因携带者，只有这样的企业大学，才能担当企业快速发展的重任。

第三十三章

人才培养体系是健康成长的根源

企业一旦突破发展瓶颈，代表在经营上拓展了巨大的发展空间，此时此刻，作为企业领头人应该引领企业高层再次审视企业战略，为战略布局。企业最终战略，就是人力资源的战略。

企业在用人上存在的迁就，有时并非老板心太软，而是没有更好的选择。老板为什么要亲力亲为？因为缺左膀右臂。我现在比以前轻松，可以静下心来写写书，并非辅音国际业务量减少，而是团队变得更强大，业务变得更系统，分工协作性更强。我们可以同时承接3~4个咨询业务，可以同时启动3场论坛，可以同时派出数个讲师团，这就是人才成长带来的红利。我深深感到，小作坊式的咨询必将无法走出点子公司的尴尬，一个自己都无法组建团队的咨询企业如何指导客户走出人才管理困境！

多数企业与以前相比，已经有了很大进步，拥有了人力资源部，即使很多企业仍未摆脱人事行政的影子。和很多人力资源经理有过深入沟通，发现企业在发挥人力资源功能方面还有待提升，目前在选人上难度就相当大，至于用人，计划性还是不够，育人也仅仅停留在培训上，员工的个人职业生涯设计方面远远没有达到要求。成长空间与职业生涯设计密切相关，毕竟企业的成长空间与每个人的职业相关，这是一个变数，如何让员工触摸到，就必须帮助员工进行职业生涯设计。值得思考的是，在很多企业有两个职位一直没有得到公正的待遇，就是人力资源和采购。在这两个职位上，做好了是本分，做不好，千夫所指。辅音国际这些年每年都会举办一次人力资源沙龙，多数企业人力资源不能参与，不是不想学习，而是无法请假。采购就更加困难，一个没有采购专业课程的专业岗位，被很多老板安排自己人干，这个被老板们认为“狗都能干”的活儿，在所有生产制造型企业，特别是规模企业，却是企业利润的直接影响者。

人才培养体系建设贯穿企业发展全过程，但在不同阶段，对人才的需求标准和数量不一样。当企业逾越突破点之后，企业的惯性成长都会让企业进入一个快车道，此时保障企业健康发展的已经不再是某个策略、某个创新，而是人才培养体系建设。

人才培养体系建设，是人力资源的最高境界，不仅解决选用育留问题，更重要的是建立企业生生不息的人才造血系统。企业快速发展的结果一定是扩张，只有扩张才能真正打开人才成长通道，但是，企业扩张最重要的并不是市场，不是客户，甚至不是资金，而是经过企业文化熏陶的、受过系统训练的、有多年企业管理经验的管理者。集团化企业的成长动力，并不是来自个体超常的能力，而是来自企业经营理念的高度一致性，可能在某个阶段，这种对一致性的要求会扼杀企业的部分活力，但一致性本身会生成无法估量的内驱动力。

新希望（000876）和通威股份（600438），是与辅音国际长期合作的两个老牌企业，都有30年以上的历史，经常有人对这两家老牌企业不置可否，我却充满敬意，就凭这30年的成长历程，足以令人刮目相看。这两家企业为什么历经30年而不衰？虽然发展受到挑战，虽然业绩并不是特别突出，但在行业依然具有举足轻重的地位，这得益于人才储备机制。隶属于总部的后备人才培养体系，虽然不是人人出彩，却不断输送相对职业化的管理者，对企业的作用可圈可点。

时代发展到今天，对人才的需求提出更高的要求，企业面临更大挑战。如何打造融合建立以解决问题为导向的课程体系，塑造以提升管理为目标的导师体系，打造内外契合的人才培养管理体系，已经不是一个企业靠自身力量可以解决的问题，需要更高、更深层次的合作才能完成。

人才培养体系服从于企业战略，在确定长期战略目标之后，必须进行战略目标人才需求分析。战略目标制定有两个方向：一是从前向后，一是从后向前。从前向后，基于自有资源来测算目标，目标往往是建立在静态思维之上的一种推断。但是竞争的市场是动态的，最有价值的战略目标是基于企业的愿景，基于竞争的考量，所以，要学会从后往前看，学会为目标配置资源。事实上，很多中小企业一直无法突破发展的瓶颈，恰恰一直致力于为资源配置目标，再加上资源没有得到充分利用，发现这个目标始终实现不了。即使是贴近资源而设置的目标，也因为动态的竞争导致目标依然实现不了，最终让目标停留在墙上，我行我素。

发展强劲的企业，一定是为目标配置资源。所以这些企业的目标往往别人看不懂。先有宏伟目标，然后为目标配置资源，已有什么资源，缺乏什么资源，进行分类，分轻重缓急逐个解决。前面已经阐述，快速成长的企业，第一限制性资源是人才，即使现在看来企业并不缺人，但是从后向前看，发现无人可用，所以高明的企业一定要建立“人力资源先于企业发展”的人力资源理念。人才培养先于企业发展，成功的企业几乎都是这样的。如果一个企业能够做到这一点，从短期来看，可能增加费用，但企业恰恰需要的是长期发展，需要人才储备。我和很多企业老板沟通，要先建立团队。团队建设的程度，决定了企业发展的速度。

辅音国际基本上按照这个思路在整合人才，一直在布局，一直在优化，打造辅音国际人才“基本盘”，扩充辅助团队，推进企业稳健发展。

大家一定要接受这样一个观点：企业就是一个问题复合体。可以这样断言，企业都是有问题的，但问题一定有轻重缓急之分，一定有大问题、小问题。所以，我们要学会为问题进行排序。我经常建议企业董事长择机把公司中高层召集起来，一起来谈谈公司的问题，哪怕有 30 个问题、40 个问题，或者 50 个问题，都没有关系。会不会一下子觉得问题这么多，一头雾水？其实不要怕，问题再多，都有主要问题，或者称之为问题关键节点。很多问题是由问题关键节点派生出来的，企业很多问题是伪问题，不是真实的；而伪问题有时不需要立即解决，一旦解决一个，可能派生出一系列问题。伪问题有的时候不处理比处理更好，不解决比解决更好。但是，一定要解决关键的问题。关键问题找出来，要分析问题节点，解决了关键问题节点，其他问题随之而解。

给大家讲一个熟悉的小故事：一个养羊的养殖户，发现每天都跑掉几只羊，就找原因，发现羊圈破了一个小洞，立即补上。第二天发现羊又丢了几只，发现又有地方破了一个小洞，再补。第三天发现羊又丢了几只，他很痛苦，就对邻居说："我这个羊圈破了，补上了羊还是跑了，到底为什么？"邻居告诉他："如果你不把羊圈的门关上，你这个羊总有一天会跑光。"羊圈的门是大开的，却天天去补洞。大家可能看后只会一笑了之，笑过之后有没有发现，你的企业管理出现了同样的问题。开门补洞，不只是游戏。

找出关键节点是第一步，解决问题才是根本之道。谁来解决？谁能解决？企业要选择解决问题能力的人或培养解决问题能力的人。我们可以分两步走：第一步，公司里面要任用和选择解决问题的人；这样的人不好找怎么办，就走第二步，培养具备解决问题能力的人。

员工无须高大上，关键是要能够解决问题，对企业而言，毕竟不是拍电影，即使是拍电影，演员同样要付出辛苦与汗水。

一个企业最怕的是同一个阶段管理目标过多，最后发现每个目标都无法实现，表面上看都有目标，事实上都没有目标。从企业来讲，无论高层、中层、基层，还是企业的各个部门，总体的管理目标是一致的。有的企业管理极具戏剧性，大大向营销部门要销量，财务部却把资金扎死。营销人员天天在外面打仗，回来报账，发现内部报账比外部打仗还难。财务说这个也不能报，那个也不能报。营销人员说上次开营销会议时写明是可以报的，财务却说那是你们的事情，反正我接到指令就是降低成本，控制资金。

最后，财务部的目标完成了，资金控制得很好，营销部的目标却一落千丈。然后营销人员就想，在外面请客户吃饭都得自己掏钱，不请了。好，营销人员个人的费用目标控制住了，而业务目标一落千丈。上述现象是一个真实案例，不是故事，是事故。

对于公司来说最重要的恰恰是营销目标。问题是，在这个结果中，没有人做错。每个人都对，错的只有目标。所以企业经营各相关岗位目标必须一致。假如现阶段公司目标就是要销量，财务部必须在不违反总的原则下无条件地配合，要思考如何配合营销部增加销量。配合不代表放任资金控制，但是要有合适的控制资金的方法，切忌一刀切，多想想办法，帮助业务员控制资金风险，主动帮助带来的效果一定是良性的。

目标的多重性必须符合阶段性需求，例如，销量和利润、客户数量和质量等，虽然都很重要，但在不同阶段一定有主有次，二者都重要时，经营策略就会模棱两可。有个合作企业，我们经过调研提出，现阶段的重点就是增加经销商的数量；而另一个合作客户，我们经过调研则提出，现阶段的重点是提升现有经销商的质量，帮助经销商升级的过程中淘汰一部分不符合发展要求的经销商，同时，也是对市场的一次整理，为下一步增加新经销商的数量做好铺垫。同样是企业，规模差不多，但我们开出的是不同的药方。我们在 4 月参加一个展会时，我对参会小组发布的指令是，集中所有时间拜访新客户展位，增加新客户数量，对老客户展位可以“视而不见”。

管理目标排序还有一个重要目的，就是按照阶段性重点目标，选择所需要的人才和团队。例如，将开发市场作为重点时，则选择和任用开拓能力强的人；而以维护市场为重点时，则选择和任用技术服务能力强的人和团队。人才一定是用出来的，如何用人则与目标密切相关，这一点，很多企业没有引起足够重视。接到一个老朋友（某集团总裁）的电话，请我帮他推荐一个营销总监，当他陈述接下来企业要实现什么目标后，我坦诚告之，这个职位需要高端人才，最好有跨国企业营销管理经历，否则，无法理解企业战略。

有的企业不是目标错了，而是人用错了；有的企业不是人不行，而是目标错了。这两类企业都会举步维艰。我有个清华大学农牧 MBA 的学生到浙江某集团任职，和他做了简短沟通，我就断定他在这个企业不会超过一年，不是我这个学生能力不强，而是老板制定的目标错了。果然不出一年，他辞职了，理想很丰满，现实很骨感，即使穿衣戴帽，总有炎热的夏天让你无法遁形。

明确了人才的重要性，那么如何建立人才培养管理体系？问题就是课题，事实上就是为我们培训提供了一个很好的标准。现在辅音国际对于企业培训需求已经制定规则，先填需求表，填了表不一定去培训。没有填表一定不会去培训，不是辅音国际强势，而是责任让我们宁可得罪客户，不能为了培训费用而迎合客户不切实际的需求。客户一定要明确，希望解决什么问题，不能含糊不清，问题就是课题，想解决什么问题，就把这个问题提出来，我们思考如何解决这个问题，只有能够解决问题的培训才是真正有效的。

我们建议首先培训领导，然后让领导参与到员工的培训，让领导做教练。我们一直倡导，帮企业培养训练师，每个领导都应该成为教练。现在很多领导仅是主管，不是教练。领导本身就应该成为教练，打造管理层成为教练的能力，就是为企业培养卓越的管理者。在辅音国际，我尝试让讲师快速成长的方式，就是“逼上梁山”。我觉得谁在哪个方面做得不好，我就会让谁讲这方面的课程。训练管理者也一样，谁在哪个方面薄弱，就安排他为员工讲哪方面的课程，最后员工有没有进步先不论，至少他一定会进步。

人才培养体系建设的具体内容，包含“三大体系、六项定制”。人才培养要解决四个层面的问题，即知道，学到，做到，成为习惯。最终产生成果的一定是成为习惯，“习惯决定性格，性格决定命运”也是从这里延伸出来的。所以，三大体系层层发力，层层落地，力求养成良好习惯。

三大体系为课程体系、教学体系与管理体系。课程体系主要确立以战略目标为导向、关键问题即课题的开发思路；教学体系主要打造知识学习和现场教练一体化的模式；管理体系是建立一套以成果落地为导向的管理、激励、操作方案。

如何实现三大体系？这是很多企业面临的困惑。例如课程体系，完全借助外部课程或者完全采用内部课程都有其局限性。外部课程容易与企业脱节，易造成现场激动、会后不动的现象；内部课程容易一叶障目、不见泰山，或者“不识庐山真面目，只缘身在此山中”。所以，在外部导师指导下开发并完善内部课程，更适合企业现状。教学体系的重要性在于利用外部资源打造属于企业自己的教练，把管理者培养成教练是企业人才成长的核心；管理体系是所有人才培养工作持续、有效的重要保证，企业高层对于人才培养的支持和参与，决定人才培养的质量；人才培养绝非人力资源部门的独角戏，企业人才培养的主体是企业董事长和总经理，人力资源部门只是协助董事长和总经理来完成基本操作并实施追踪。具体操作方案有“六大定制”：

（1）定制胜任模型。定制提炼基于“公司战略和成果导向”的核心岗位关键行为标准与能力要求。

（2）定制精品课程。定制问、听、说、练、考以及成果落地的培训模式。

（3）定制内部讲师。定制以“关键能力、关键任务和关键问题”为导向的讲师教练体系。

（4）定制落地体系。定制“企业内部讲师培训方案”并“培养一批内部讲师”。

（5）定制学习文化。定制人才学院“运行管理”体系。

（6）定制培训模式。定制快乐学习、行动学习、晋升学习的全员学习文化。

“六项定制”其中涉及更多务实操作细节，需要和企业共同完成。

第三十四章

健康的人才培养体系需要资源优化

企业在成长过程中会积累经验与财富，也会沉淀一些消极因素和负能量的人、财、物。水在冲击过程中总会泥沙俱下，只是在资源丰富的时候，我们无暇顾及，发展总是能够掩盖一些现实问题，但不代表这些问题不存在，所以，当我们吹响扩张的号角，必须要做一次资源总动员，那就是资源优化。资源优化的目的，是希望通过一定手段让资源更纯洁。杂质总是影响爆破力，98 号汽油与 95 号汽油的差别就在于燃烧效率，而燃烧效率的差异皆因为纯度不一样。企业沉浸在快速发展之中，总会有一些遗漏，如果不及时处理，遇到合适的条件必将沉渣泛起，就可能引起成片污染，虽不至于毁灭，却会使企业遭受巨大损失，所以，资源优化尤为重要。优化往往并不显得紧急，这是资源优化最大的障碍，人们总是寄希望于拖延来解决问题，这是多数企业折戟沉沙的根本原因。

如何进行资源优化？这个课题我在 1999 年就开始研究并逐渐形成成熟的方案，撰写了《现代营销 5S 管理》文章。当时很多杂志纷纷刊登，一些网站也纷纷转载，说明在全行业有代表性、急切性和可行性。

资源优化的关键点就是整理整顿、协调维护、素质管理、品牌提升，核心的内容就是深刻理解“现代营销5S管理”的精髓，熟练掌握“现代营销5S管理”的实操方法与工具，通过系统优化提升品牌力。“现代营销5S管理”理论是我的原创，1999年问世以后，在各行业特别是汽车工业广泛推行。

营销5S管理包括市场5S管理、客户5S管理、产品5S管理、营销代表5S管理等。

一个成功的企业是一个懂得放弃客户的企业，是一个擅长放弃产品的企业，是一个敢于放弃市场的企业，有所弃必有所得，什么都不放弃的结果是什么都会失去。

企业在发展过程中所遇到的问题体现在销售上，具体表现为“十多”“五少”。“十多”即市场多，客户多，产品多，销售员多，出差费用多，出差时间多，促销要求多，呆坏账多，退货多，投诉多；“五少”即单产品销量少，忠诚客户少，利润少，出差汇报少，敬业精神少。究其根源，仍在公司，“毛病都是惯出来的”。企业创业时期，当务之急是销量，公司大多采用灵活的方案，可称之为“猫论”——不管白猫黑猫，抓到耗子就是好猫！创业初期销售员少、产品少、客户少，公司期望值低，潜在问题都被掩盖，等问题暴露出来时，问题已不再仅仅是问题，而成了“惯性”，甚至成了不成文的规章制度在企业盛行。营销人员部分人能不断提升自己，精研市场，也有部分人不能或不愿适应市场的变化，拿市场当筹码，自己做不了也不允许别人做，成绩归于自己，失败归因别人，总有千万条理由来证明这个市场只能这样，直至断送这个市场，让企业错失良机，待要重新进入这个市场时，竞争对手已树正正之旗，已列堂堂之陈，艰难倍增，似乎正应了“这个市场只能这样”，岂不知，此时非彼时也。

营销部门如同企业之“胃”：有胃病的人消化吸收功能都不好，气色渐差；有“胃”病之企业，投入越来越多，产出却越来越少，竞争能力每况愈下。可见，企业要想轻装上阵，提高竞争力，走上良性发展的快速通道，“现代营销 5S 管理”势在必行。

以下从市场、客户、产品、营销团队四个维度逐一阐述。

一、市场 5S 管理

随着市场区域化竞争时代的到来，市场 5S 管理已刻不容缓。

1. 整理

第一步：将市场分为“已开发市场”和“未开发市场”。

第二步：将已开发市场按成长空间、良性程度、销售额分成三类，将未开发市场按市场容量、市场发育程度、竞争秩序分成三类。

第三步：将已开发市场中销售额小且久无增长甚至下降的市场、无增长点的市场、货款拖欠严重甚至出现坏死账的市场列入淘汰市场，处理善后问题后予以废弃。

将未开发市场中市场容量小的市场，市场需求尚未启动或消费仍然维持疲乏的市场，竞争对手众多造成价格紊乱、产品鱼龙混杂且经销网络躁动的市场列入搁置市场。这些市场若进入可能有小的销量，但要付出大的代价，直至身心疲惫。

2. 整顿

第一步：对已经过淘汰和搁置后的市场进行评审排序。

第二步：对每一分类排序在最后20%的市场予以放弃（特殊情况除外，但切忌贪小而不弃，或仅凭一线希望而穷追不舍，虽有成功者，几率极低）。

第三步：对余下的市场按时间紧急性和重要性（包括销量和影响力）进行评审并录入“市场动态表”。

3. 协调

第一步：查实各市场及相关市场间现存阻碍市场发展的问题及原因。

第二步：协调并理顺市场内及相关市场间各种关系。

第三步：依二八定律，将80%的精力投入到20%最重要的市场上。

4. 维护

定期（例如三个月）或不定期重复上述三个步骤，确保重要的市场得到应有的重视和投入，确保营销人员80%的精力都致力于20%重要市场的运作，以达成市场、营销人员、企业三赢的良好势态。

5. 卓越

优秀的市场管理必然培育出优秀的市场，优秀的市场必然培育出优秀的网络、优秀的客户、优秀的营销员、优秀的产品，而这些因素将使企业持续稳定发展，从而走向卓越。

市场5S管理的目标就是塑造核心市场，管理的步骤，事实上就是五个步骤，整理、整顿、协调、维护、卓越。建议企业把所有的市场按县或者按镇、按社区划分，做一个深度的详细的市场调查，然后按照市场5S管理操作。

二、客户5S管理

培养核心客户。所有的企业管理都要围绕这个核心，第一个叫塑造核心市场，第二个是培育核心客户。一个企业必须有一定数量的核心客户，这就叫基本盘。做任何事情都有核心客户，否则，处处被动，处处挨打，想涨价又不敢涨，想调整又不敢调，畏首畏尾，错失良机。

竞争方式的演变，使客户变得越来越成熟，也越来越精明，如今的客户已不再是传统意义上的客户，自从被提拔为“上帝”之后，客户已经被训练成“心理上的强者”，在很多要求不断得到满足之后，“羊毛”最终还是没有出到“牛”身上，一些企业脱胎换骨，更多的企业却在承担除了风险之外的更大风险——就是当行业的春天来临时，不知身在何处，昔日辛酸终将成为笑料。

1. 整理

第一步：将客户分为成熟客户和潜在客户。

第二步：将成熟客户按销售额、回款速率、增长空间分成三类。将潜在客户按预测销量、开发难易程度、资金运作状况分成三类。

第三步：将成熟客户中销售额极小或作为“冰山产品”的客户列入悬置客户。将成熟客户中回款速率时时超低、屡次违反回款规定的客户列入淘汰对象。将成熟客户中增长空间小的客户列为托管客户，由销售部主管定期拜访，维护关系。将潜在客户中预测销量小、开发难、资金短缺的客户列入悬置客户。

2. 整顿

第一步：将已整理后的客户进行评审排序。

第二步：将每一分类排序在最后 20% 的客户予以放弃（特殊除外）。

第三步：对余下的客户根据销售额、回款速率、潜在效益进行综合评级，并录入“客户动态表”。

3. 协调

第一步：查实并分析客户存在的问题及原因。

第二步：从客户的利益出发，协助客户改进及提升竞争力，成为一个有发展优势、好信誉的优秀客户。

第三步：进行关键客户的重点管理。

4. 维护

定期（例每个月）或不定期重复以上三个步骤。切记：80% 的销量集中在 20% 的大客户手里，而 80% 的利润则集中在 20% 的优秀客户手里；谁拥有了优秀客户，谁就拥有长远发展的巨大空间。

5. 卓越

优秀客户的培育是现代营销的一项重要内容，营销人员的良好心态和较高的素质则是培育一流客户的重要保证，要化“客户倒向”为“客户向导”，为客户提供培训、协助，打造双赢的合作环境。如果一味迁就客户，甚至迎合客户的某些不良嗜好，可能会得到短期、即期的利益，却必将付出长远利益的代价，未来商业竞争的智能化会垂青于卓越管理者。

客户管理的目的是塑造核心客户。经常被问到：是新客户重要还是老客户重要？我说，客户是否重要与新老没有直接关联，而是与客户的评级（质量）相关，如果一定要回答，我会说核心客户最重要。核心客户如何塑造？一定有个引导、帮扶的过程，引导客户做正确的事，帮扶客户有能力做正确的事，都是必不可少的。企业应该拥有自己的“核心客户群”，群体的影响力巨大，特别在企业要做出重大决策的时候：一方面核心客户群会为我们提供比较真实的信息；另一方面，核心客户群会在心理层面以及业务层面提供支持。决策正确程度取决于信息的准确性，决策执行程度取决于支持的力量是否占据上风，或者说行动是否能确保底线不被打破，不会引发失控。所以，核心客户群的作用绝不仅仅是销量本身，会影响到企业发展战略的实施。

三、产品 5S 管理

管理的目的就是要深化产品的品牌。产品品牌和销量挂钩，没有销量奢谈品牌。没有稳定的质量，长期销量无从谈起，同时品质如果没有销量支撑，也不能形成品牌。质量是品牌的催化剂，是品牌美誉度与忠诚度的底物。

1. 整理

第一步：将产品按品质特点、获利能力、销量、服务需求分成四类。

第二步：按品质特点将产品分为品牌产品、品牌延伸产品、应时产品。按销量将产品分为销量较大、销量一般、销量较小三类产品。按获利能力将产品分为获利能力高、获利能力一般、获利能力低三类产品。按服务需求将产品分为服务需求高、服务需求一般、服务需求低三类产品。

第三步：将应时产品中销量小、获利能力低、服务需求高的产品淘汰。

2. 整顿

第一步：对已经过淘汰的产品进行综合评定。

品牌产品可以量小、利薄、服务需求高，若有多个品牌产品，进行综合评审后淘汰 20% 或更高。品牌延伸产品一定要销量适中或较好，获利能力较高，达不到这两个要求的应予以调整。应时产品要求：如果量小则获利能力一定要高，否则需淘汰；如果量大则服务需求一定要低，否则将因服务跟不上企业被弄得焦头烂额。

第二步：对存留产品根据对品牌的影响力、市场综合效益进行评审，并录入《产品动态表》。

3. 协调

对各产品的 FABE（特征、功效、利益和实证）进行详细分析，根据不同市场的不同竞争需求，找出各自的卖点，以免自乱阵脚，顾此失彼。

4. 维护

定期（例如半年）或不定期根据成本竞争需求重复上述三个步骤，使企业产能结构最大程度地得以优化。

5. 卓越

好企业满足需求，伟大的企业创造市场。好的产品不应是单一体，而是一个产品团队，在这个团队里，每个产品都发挥了最大的作用。

四、团队 5S 管理

团队管理的目标是打造阳光团队。所谓阳光，就是正能量，其实能量是此消彼长的，增加正能量的两种方式，一种是产生更多正能量，另一种就是减少负能量，所以，团队的 5S 管理很重要。

如何达到这样一种良好状态？同样要对我们的团队进行整理、整顿、协调、维护和卓越。团队管理，我们又做了细分，包括出差的线路管理、出差的报表管理、业务人员的电话管理等。

我把电话管理提到重要的位置，因为我是受益者。1998 年我在罗氏（中国）公司（以下简称“罗氏公司”）任职的时候，终于体会到了电话管理的重要性。我在罗氏（中国）公司之前手机话费很高，一个月要 3000 元左右，那时候的移动电话费很贵，一分钟 3 元左右。好在公司全额报销，我们也乐得神聊。罗氏公司当时电话费报销只有 300 元一个月。我开始愣住了，一个月 300 元电话费能干什么事情？公司并没有迁就我们的要求，开始做“时间管理”的培训，如何合理管理时间，如何合理管理电话费，等等。有一个理念，我是认可的，就是当你把电话费管理好的时候，工作效率将会成倍增加，因为每个人打电话浪费电话费是次要的，关键浪费的是时间，你讲的都是废话，该讲的没有讲，不该讲的讲了一大堆，而且言多必失。当时我把手机设置了 58 秒钟提醒，通话尽可能 1 分钟结束，开始的时候不适应，但是后来我非常感谢罗氏公司，直到现在我的电话费非常之低。

我对员工的电话费很敏感，当员工的电话费偏高，我就怀疑是不是废话太多。打电话要有同理心，对方也是很忙的，当别人听你前三句话的时候是很认真的，再听下去很容易心不在焉。所以，电话管理是一门艺术，让我们懂得开门见山，工作效率瞬间提高。出差线路管理在于计划性和合理性，报销管理一定要与拜访的有效性相互链接，“出差行程内计划表”与“出差行程报告表”是报销的必备内容。

人力资源十三字方针，“要想留人，必先人流”（公司要想把想要的人才留下来，必须把产生负能量的人流出去，给企业正能量的人创造成长空间。）“往高处带人”（一定要让团队中的每个人都能够成长）。建议把营销人员为公司创造的价值核算出来，展示出来，你会发现公司有多少负价值员工，还不该淘汰吗？负价值的员工淘汰了，正价值的员工再分门别类，哪些是真正为公司创造价值的员工，这是我们的核心员工，千万不要辜负了核心员工。这就是流行的一句话：不要让雷锋流血又流泪。企业一定要有核心员工，以创造价值为标的的团队，一定是阳光的、正向积极的团队，以奋斗者为本，这就是我们的团队管理。

上述内容注重人的层面，而财和物的优化更适用于5S管理，现场5S管理就是物质资源管理的重要手段，很多企业都在使用，只是其内容为“整理、整顿、清扫、清洁、素养”，现在又加上“安全”，成了6S管理，核心内容及操作步骤是一致的。

资金是企业宝贵的资源，现金流管理反映一个企业的经营质量，把闲置物品变成现金，把应收款变成现金，把固定资产变成现金，资金就会活起来。资金优化的过程既要把钱用在刀刃上，又要尽可能降低财务费用。如何妥善使用供应商资金？其实这个问题体现的是智慧。有一个大集团，月营业额几个亿，但是占用供应商资金不足4000万元，却还被认为没有信誉，我感到吃惊，究其原因，皆因还款不及时。拖欠货款的企业都是不明智的，表面上省了一点利息，但造成的后果非常严重。可笑的是，财务部会将此作为业绩向董事长邀功求赏，采购部为此抱怨，财务部却口口声声说是为企业着想，这就是典型的打着红旗反红旗，是企业最大的蛀虫。很简单，一个企业有诚信，愿意支持的企业就越多，我反复强调，当企业真正遇到危机的时候，能够救你的一定是供应商，而不是你的客户。今年春节前有一个企业董事长在微信朋友圈发布消息，催促供应商限时前来公司结清货款，这就是大智慧。也许这是企业的一个策划，这个策划我觉得值得提倡，属于正能量，诚信是立企之本。

第三十五章

企业永远不应该存在可有可无的人

无论是5S管理还是OEC管理，其核心都是资源优化。在人、财、物三大资源中，最应该优化的资源一定是人，未经优化的人的破坏性绝对高于物质的浪费。

企业最怕负能量之人。负能量不代表一定说企业不好，要么对企业发展漠不关心，要么对企业发展过度关心，后者对企业影响更大。一个员工经常质疑企业战略而且振振有词，导致所有的员工其关注点不是做好自己的本职工作，而是评价老板的企业战略，这样的负能量是进入了骨髓。我在企业三令五申，当你给企业提建议时必须有方案，哪怕不成熟。坚决制止提意见，特别是指责其他部门或其他人。这种情况一旦发生，我都会问：你自己的事确信做好了吗？上有好者，下必甚焉。如果有人提合理建议，我必定加分。来说是非者，便是是非人，这句话极其有道理。只要有人靠提意见获得青睐或者重用，其他人就会效仿，提意见比做事情来得简单，当有些人开始热衷于提意见，而不屑于提意见的人往往选择离开，企业危也。

企业最怕“三闲”：闲人、闲话、闲事。这三者是递进的关系：有闲人必有闲话，有闲话必有闲事。并非无事可做才是闲人，在企业里可有可无的人，是最可怕的闲人。

组织结构调整过程中最易形成可有可无之人。中国人擅长平衡，结构调整经常形成利益制衡，所采用手段就看有几个自己的人，至于有没有用先不考虑。人情世故也容易形成可有可无之人，通过关系进来的人，未必适岗，先留下再说。对企业有贡献而能力有限的人，安排之下极易产生可有可无之人。还有一类最忙的闲人，忙于考核。我毫无诟病考核之意，而是现实中很多考核流于形式。流于形式的考核很容易形成轮流坐庄，事情未必做得更好，奖励却一直不断，损害的是公信力，最终造成人浮于事，更有可能因为分配不公导致企业内部矛盾。

闲人一般都很难成为贤德之人。第一要证明自己不是闲人。如何证明？串门！东家长西家短，制造闲话。第二要证明企业离不开自己。挑拨离间，制造矛盾，再充当好人，消除矛盾，不断制造闲事。第三要让大家一起闲下来。在企业里传播“要过有质量的生活”“生活要有品味”等，听起来非常人性化，其实就是鼓吹朝九晚五，却不曾想到优秀总在八小时以外。从企业的角度要重视员工福利，从个人成长的角度，在当下的竞争环境里，安逸等于自抛自弃。即使华为、腾讯这样伟大的企业，员工都会自动自觉地加班加点。在企业快速发展阶段，这一类人的破坏性被掩盖，被淡化了，一旦企业发展脚步放缓，闲人文化就会甚嚣尘上，其传染性、抑制性、变异性将加速企业衰退。最近流行的 996 引发一场大讨论，我觉得很有必要，我认为 996 不是一种工作方式，而是一种生活方式。你想选择什么样的生活方式，就必须选择什么样的工作方式。这和 30 年前很多人放弃公职下海经商一样，就是选择不同的生活方式。1988 年我大学毕业放弃分配，浪迹天涯，无论多苦、多累、多孤独，我没有怨言，因为这种生活方式是我自己选择的，什么都不想付出就想得到，凭什么可以安枕无忧？

我经常问一些董事长，在你们的企业里有没有人可以放假6个月而对企业没有影响？多数回答是“有”。为什么不激活闲人又不辞退？人力资源一项重要工作，就是发现和甄别闲人，然后做三件事：

（1）沟通。不是所有闲人都是恶人，只是其性恶的一面浮在上面，他们自己也感到很茫然，此时的坦诚沟通就显得极其重要。如果连沟通都觉得多余，就必须辞退甚至开除。

（2）调整。沟通的目的是帮助对方调整工作状态，如果有需要，还应调整工作岗位，包括考虑调整对方的领导。对方所处状态有时和领导有关，或是领导管理不力或者领导无方。

（3）教练。改变一个习惯需要长时间的坚持，没有教练的督导与追踪，有可能换个地方继续做闲人。

激活闲人是基于曾经的付出和对管理层自身的历练，激活闲人的同时就是在提高管理者激活闲人的意识和能力，“懒得管”是产生闲人的温床。所以，我建议董事长，定期对企业人员进行闲人甄别、激活和清除，比不断引进“空降兵”更有价值。

我非常崇尚“以奋斗者为本”，一直以此严格要求自己，只有永葆危机意识，才免使自己成为闲人。没有一劳永逸，只有一如既往。企业总有一些高级管理人员，将职位当成可以享受的筹码，放松学习欲望，放弃奋斗精神，殊不知，企业文化的核心是管理者行为。物质文化是给予员工什么，行为文化是管理者要求自己怎么做，制度文化是将管理者能够做到的示范给员工，心往一处想，不断努力兑现企业愿景与使命，就构成企业精神文化。一个以奋斗者为本的企业不可能容忍闲人的存在，闲人也无法在这样的企业心安理得，要么紧跟潮流，要么逃之夭夭，无论何种选择，都是企业资源优化的成效。人才培养体系建设与资源优化相互交织、相互促进，必将为企业腾飞带来引爆点。

第三十六章

引爆点终将让企业凌空绽放

小时候过年我最期待的一件事，就是买一挂鞭炮，分拆成一个一个，然后放在口袋里慢慢享受，当然不是吃它，而是爆炸。我发现引线长或者短都可能出现问题，无法控制爆炸时间。引爆点极其重要：早了，可能炸了自己的手；迟了，扔出去半天没动静，作废了。这和企业腾飞的时机极其吻合，正因如此，我将企业腾飞时机称之为“引爆点”。

如何控制时间点，是一个系统问题。中庸之道真实表达的含义并不是中间点，而是恰到好处。在这里讲的就是时间点，何谓刚刚好？就是时机和资源正好匹配。时机包含三个部分：一是企业发展阶段，二是企业发展战略需求，三是拥有巨大成长空间。这就相当于一个小伙子，到了法定结婚年龄，希望成家，有合适的对象，此时离结婚就一步之遥，还差什么呢？资源匹配。有人认为，结婚不就一张床的事吗？那就错了。有的老板也是这样认为的，扩张不就是办几个分公司吗？注册就行了。问题是，开办分公司只是手段，不是目的。结婚也是手段，不是目的，目的是共同开创幸福家庭生活。有人会说，结婚有彩礼、有房子不就行了吗，就相当于开办公司有注册资金、有办公室就行了，事实一直在打脸。夫妻之间需要感情培养体系，企业需要人才培养体系，缺失这个体系，迟早会形同陌路，关门大吉。

引爆点就由人才培养体系和资源优化两个要素构成。没有人才培养体系，就很难实施资源优化，人才培养体系是企业一切管理体系的抓手。人才培养体系不仅代表有后备管理团队，而是具备培养后备管理团队的系统化方法和阵地。这是多数企业的痛点：一是基于成本，总觉得培养人才，进行人才储备是奢侈的事；二是因为没有体系，所以偶尔的人才储备的确没有达到应有的效果；三是因为企业有一些“闲人”，使得人才储备与闲人处于同一个系统运转，结果是储备常常清空，闲人永存。

所有快速健康成长的企业，都有一个强大的人才培养体系，表现形式有企业大学、企业商学院、企业与院校合作专业（班级），如华为大学、海尔大学、海大学院等，华为大学的办学理念明显高出一筹，这也正是华为的独特之处。

华为大学是华为发展战略的重要组成部分，它不仅是企业内部人才培养体系的重要一环，还超越这一职能成为企业变革的推手以及外部企业（包括顾客、供应商、合作伙伴等）培训和咨询服务的支柱。华为大学依据公司总体发展战略和人力资源战略，推动和组织公司培训体系的建设，并通过对各类员工和管理人员的培训，支持公司的战略实施、业务发展和人力资本增值；对外配合公司业务发展和客户服务策略为客户和合作伙伴提供全面的技术和管理培训解决方案，提升客户满意度；同时通过华为的管理实践经验的分享，与同业共同提升竞争力。

海尔大学不是“大学”，但它又是一所最好的“大学”。说它不是“大学”，是因为它不是教育部所批准的对外招生的大学；说它是一所最好的“大学”，是因为它是海尔人心目中的学习殿堂，是企业界所向往的圣地。海尔集团首席执行官张瑞敏指出：“企业办大学关键在于其内涵和软件，海尔大学要成为海尔员工思想锻造的熔炉和能力提升的黄埔军校。”在这一思想的指导下，海尔大学重点抓企业文化和模式创新的建设，开始了以“观念、案例、互动、传播、创新”为主线的培训活动，为海尔生态圈创客的培养和输送起到了积极的推动作用。

海大集团海大学院成立于 2011 年 8 月 8 日，致力于海大文化的传承与传播，是海大最佳实践积累、提炼、丰富的传播中心，是海大集团各级人才成长的摇篮。海大学院以建构主义为基本教学理念，以“五星教学法”和“体验式学习”为基本教学方法，紧跟战略、紧贴业务，全面负责集团所有板块培训管理工作以及各板块专业课程的组织开发与评审。

我比对了华为大学、海尔大学和海大学院等一些企业大学或商学院，发现绝大多数局限于一个企业培训部，而华为大学等极少数企业大学已经超越了企业本身。当一个企业开始潜心为行业培养人才的时候，代表这个企业的引爆点已经不再是一个点，而是一串烟花，依次绽放。辅音国际正在作为第三方为行业某集团企业策划与酝酿企业大学，正是向华为学习做一个能够立足于行业发展来促进企业持续成长的人才培养体系，通过人才梯队建设和资源优化推进行业发展，多维度打造生态圈企业，成为“一带一路”上一个伟大的民族企业。那么，如何把握引爆点？如图 3-1 所示。

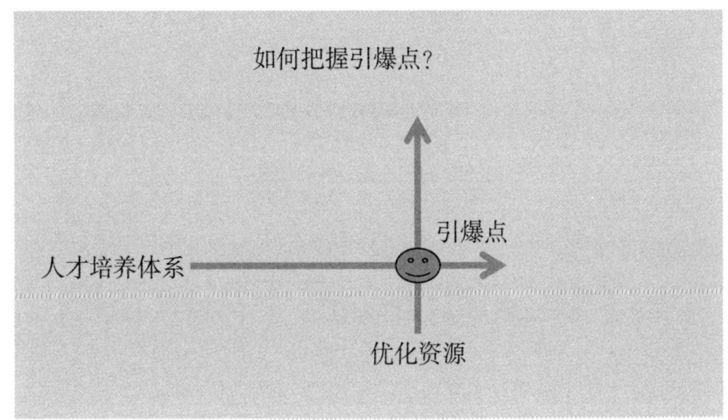

图 3-1　如何把握引爆点

引爆点不同于其他两个点，切入点和突破点都允许有偏差，而引爆点的任何一点小偏差，都可能引发大事故，对很多企业来说，对于引爆点的忽视恰恰导致了功败垂成。

第三十七章 一个模型的神奇在于简单直白

多年的经验告诉我：所有好的盈利模式就是坚持不给自己添麻烦。如何才能不给自己添麻烦，核心就是简单直白。我们虽然不能确保每一个企业基业长青，但这必须成为企业发展的目标，实现这一目标必须拥有导航仪、加速器和弹药库，不同时期状态可以有所不同，而需求是一致的。橙海战略模型的简单之处就在于，切入点、突破点、引爆点三点构成一条上升曲线，而每一个点由两个要素交叉组合：切入点纵横坐标为激活资源与定位，突破点纵横坐标为整合资源与聚焦，引爆点纵横坐标为优化资源与人才培养体系。切入点、突破点、引爆点分别对应的功能正是导航仪、加速器、弹药库，这就是橙海战略核心的“三个点”与“三个工具”，如图 3–2 所示。

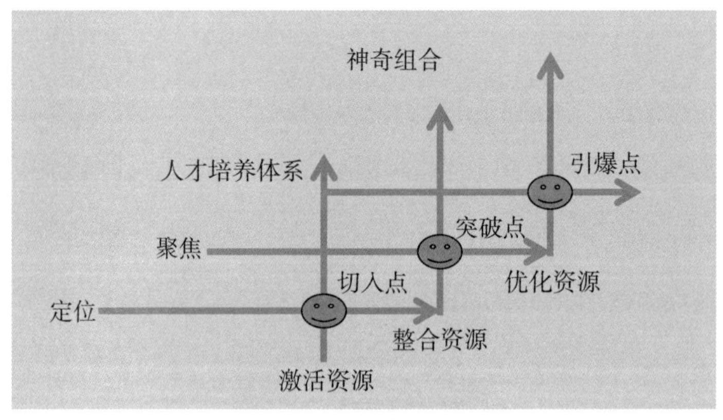

图 3–2　橙海战略模型曲线图

企业突破经营到底需要什么？我们不需要把突破经营想得太复杂，做企业其实就是做一个逻辑。我们经常讲“商业模式”，“商业模式”其实就是一种商业思维，也叫商业逻辑。任何一个企业的发展，一定有一个逻辑关系。这个逻辑关系你把它理顺了，企业发展就顺了；这个逻辑关系你理不顺，企业发展一定是不顺的。例如，东方希望集团在中国西部地区开采煤矿，煤不进入市场，节约了销售和运输成本；用煤来发电，因煤的成本低，则电的成本更低；电同样不进入市场，而是用来制造耗电量大的产品如电解铝等，同时进行技术创新，其终端产品更是物美价廉，占有巨大市场。表面上看是因为煤的成本低，其实核心在于终端产品高质优价，渠道畅通，这就是经营逻辑。

企业突破经营只需要“三个工具”和“三个点”。我们对照一下自己所在的企业，有没有三个工具，有没有三个点，在对照的时候我们可以很快发现我们缺什么，或者说，我们现在这个企业哪方面没有做到位，而且我们很快就可以知道我们的企业接下来应该怎么做。企业最怕的就是不知道自己这样做是对还是错，换句话说，就是根本不知道自己该怎么做。

企业经营从某种程度上就是参与竞争，所谓规避竞争也是参与未来的竞争，仅此而已。所以我们需要深入研讨企业经营的关键点和企业发展的关键点。企业经营的关键点似乎有很多，核心只有三大要素：定位、聚焦与人才培养体系。定位不准白费劲，不能聚焦使不上劲，缺乏持续人才加不了油！企业发展自始至终都是资源竞争，不要抱有幻想，核心也是三大要素：资源激活、资源整合、资源优化。资源不激活等于没资源，资源不整合容易半途而废，资源不优化等于自废武功。

当我们迈开经营的第一只脚“定位”，必须带动竞争的第一只脚“激活资源”；经营的第二只脚“聚焦”对应竞争的第二只脚“整合资源”；经营的第三只脚“人才培养体系”对应竞争的第三只脚“优化资源”。企业成长就是持续登高：上一步跟一步，三个节点为一个发展阶段。下面分享几点感悟：

（1）经营企业未必一定要惊天动地，也许平平淡淡才能长久。

都江堰造福成都两千多年，都江堰工程被世界上认为最神奇的工程，现在全世界能够延续这么多年还在发挥作用的工程，只有一个：都江堰。万里长城虽然伟大，现在成了遗迹，都江堰至今仍在发挥着重大的作用，灌溉了整个成都平原，让成都成为天府之国。

到了景区，发现都江堰平平淡淡，没有雄伟的建筑，没有让人拍案称奇的景观，很多东西都在水下，根本看不到，能看见的都是平淡无奇的，即使解说员给你解说的时候，你都无法心潮澎湃，因为太普通了，但就是这么普通的东西，这么多年发挥了重大的作用。据说抗日战争时期，日本派了两架轰炸机，在都江堰上空盘旋了几个小时之后，一个炸弹没有扔，因为实在找不到扔炸弹的地方，好像都一样，到底哪个地方才是重要的？飞机盘旋了几个小时之后回去了，报告总部说都江堰无处可炸，没有东西，平平淡淡。

参观时我在想：为什么要搞飞沙堰？为什么会有这个宝瓶口？为什么会有鱼嘴？所有的设计表面上看没有奇特之处，但很多物理原理全部嵌入其中。我给新希望六和做咨询策划的时候，我提出了一个要求，带我的团队去都江堰，就坐在都江堰那条河流旁边的酒吧里面，边聊边想。值得回味的是，我们用于新希望川南片区整体的营销策划，基本上遵循了都江堰的设计原则，一步一步深入，从最初策划活动开始，逐渐地嵌进去，像都江堰一样，于平淡之中改写了片区历史。

（2）资源并非越多越好，而是合适和有效。

解放战争初期，国民党的资源明显多于共产党，当时几百万正规军，美式装备，将官多数都是黄埔军校出来的，资源丰富但最后还是输给了共产党。激活资源、整合资源、优化资源，输和赢仅在12个字之间。

共产党在战争年代涌现出无数的英雄事迹，是因为把资源最大限度地激活了，这些人甚至愿意为了党的事业牺牲自己的生命。这是激活资源成功的例证。

建议大家把橙海战略模型图刻在脑海里，一个简单的坐标图，在做任何决策的时候，你都能明晰处于哪个点，哪个是关键要素，坚持并重复评估，神奇将伴你左右。

第三十八章

用模型画像，就知道自己“胖”在哪里

橙海战略模型图就是将企业经营的三个要素——定位、聚焦、人才培养体系作为横轴，将企业竞争的三个要素——激活资源、整合资源、优化资源作为纵轴，出现三个醒目的交叉点，把切入点、突破点和引爆点依次填入，一个活生生的企业发展理想模型跃然纸上，如图 3-3 所示。

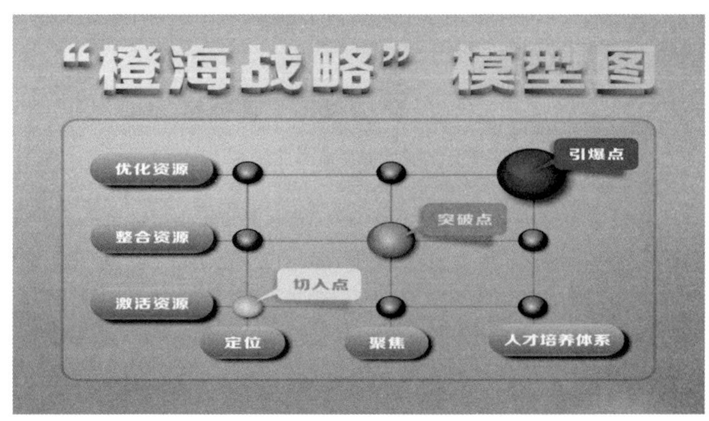

图 3-3 橙海战略模型图

要想让自己企业的切入点精准，就必须解决两个问题：第一个问题就是定位，第二个问题就是激活资源。为什么要激活资源呢？可能有人讲：

"赵老师，我们找切入点只要定位定好了不就行了吗？"我说："错！仅有定位，只代表你选择的方位正确，不代表结果正确。就好像你的汽车有精准的导航仪却没有油一样，有动力没方向会出车祸，有方向没动力或动力不足必然会半途而废或者搁浅。"

这个环节解释了很多企业管理现状。有些企业认为，我们并没有做错什么啊，我们和另一家的定位几乎一模一样啊，为什么他们快速发展而我们举步维艰？答案就在这里。因为，即使你有精准的定位，而没有激活资源，你的切入点就会发生偏移，企业自身往往还感觉不到。举个简单的例子，就好像车子的四个轮胎，当它三个轮胎有气的时候，最后一个轮胎没有气一定会跑偏，如果有两个轮胎没有气，就不是一般跑偏的问题了。如果两个轮胎没有气，并出现在同一侧的时候，就会翻车。一般在开车出门之前（特别是要跑长途）都要做一件事，就是对车子进行检查，更重要的是检查四个轮胎，对四个轮胎都要踢几脚或者测气压，看一下气压够不够，胎压是不是均衡。所谓气压平衡，就是让四个轮胎都处于激活状态，激活了之后就不会跑偏，定位和激活资源做好了，就相当于企业找到比较准确的切入点。

企业首先要解决的问题一定是切入点问题。当切入点不准的时候你想去突破，不太现实。如果突破了，可能是假突破，那更麻烦，会把你引入歧途。很多企业垮就垮在这里，有的企业感觉做得还是不错，忽然之间就垮掉了，就是因为出现了这个问题：伪突破。以为企业经营获得突破，其实是在不该突破的地方突破了，最后出现系统性崩溃。

突破点重在解决两个核心要素：一是聚焦，二是整合资源。换言之，聚焦和整合资源齐头并进时，最容易形成突破点。企业在经历第一个发展阶段之后，突破是必然选择，突破前的果断瘦身是重中之重。所以，突破点严格来说不是一个时间点，甚至不是一个位置点，而是系统契合点，或者说是化学反应点。即使聚焦了，没有进行资源整合，能不能突破？还是突破不了。不少企业反映，我们现在也很聚焦啊，还是没有多大效果，为什么？是不是聚焦也不行，也有人对聚焦提出质疑，说聚焦是大企业要做的，我们小企业不存在聚焦，最好就是跑马圈地，灵活机动。

例如，搞营销模式，我们在一些企业推行营地建设，有人尝试后失败了，说："赵老师，营地建设没用，无效。"我问他："这是真实发生的？那你把营地建设的人召回来我跟他们沟通一下。"这是个真实的案例。我召集开会，他们一看赵老师来了，都很热情，我说："你们简单地讲一下，这个营地建设是怎么做的。"他们每个人讲完之后，我心里已经明白，我说："今天就到这里结束，你们先去做别的事。"我立即询问营销总监："你是如何选择做营地建设的团队的？你是怎么布置工作和培训的？你是如何理解流程和标准的？刚才这几个汇报的同事是不是别的区域都不满意的人'发配'到这里来了？"营地建设，就是一个小的资源整合系统，团队一定是一个复合型团队，否则，无论是强兵还是弱兵的纠集都不会有好结果。营地建设的重要性表现在：一是让营销团队听得见炮声，沉到一线去；二是培养基层营销管理干部；三是完善组织营销模式本土化；四是有利于服务体系建设，所有脱离一线的服务都是空中楼阁，看得到，抓不到。

营地建设一定有个企业本土化过程，不能冒进。现在很多企业一开口就要搞很多营地，我就非常担心，极容易出现一哄而上、一哄而下的情形。一般建议企业从 3~5 个营地开始，最好先建 3 个，然后慢慢扩大到 5 个，磨合后再复制。因为复制，需要较强的人才培养体系支撑，当人才培养体系跟不上的时候，就会偏离既定的模式，营地建设投机取巧。我想提请注意，投机取巧也有短期成功的，从销量来说，可能比正规营地还来得快，这个破坏性极强。投机取巧的营地会引导其他营地把整个前期做的工作推翻掉。人都是有一些惰性的，在自己的潜意识中都喜欢四个字："不劳而获"。希望不费力气能挣更多的钱，希望天上掉馅饼。所以，营地建设，流程是第一位的，销量是第二位的，就像打高尔夫球，姿势不对也能把球打出去，还可能打得很远，但要真正打得好，必须先练姿势，就是流程。

人才培养体系的建设，从某种程度上是推进资源优化。资源优化的过程，就是资源升级的过程。在人力资源管理方面，优化显得更为重要，因为人和物不一样，人如果不优化，会具有示范性、破坏性，必须优化或者尽可能净化。很多年前我写过一篇文章，在文章里面讲到人力资源 13 字方针，作为人力资源的指导方针：

（1）要想留人，必先人流。公司要想把想要的人才留下来，必须把产生负能量的人流出去，给企业正能量的人创造成长空间。

（2）往高处带人。一定要让团队中的每个人都能够成长。

橙海战略模型图可以是一面镜子，经常照一照，就会发现管理疑点，及时纠正，会使企业发展更顺畅、更稳健、更快捷。

第三十九章

模型的阶段性重复基业长青可期

所有企业成长都需要一个螺旋上升的过程，若做不到，就代表夭折只是时间问题。企业生命周期与橙海战略模型图高度吻合，创业期、成长期、成熟期，与橙海战略三个点——切入点、突破点、引爆点一脉相承，创业期精准切入，成长期寻求突破，成熟期果断引爆，水到渠成。企业在稳定期初期就要探寻新的孕育点，橙海战略在引爆之后同样也在探寻新的切入点，周而复始，逐步提高，螺旋上升。

探讨企业发展战略必定分析企业生命周期，生命周期从 PAEI 四个要素进行阐述：P 代表目标和行动，A 代表行政，E 代表创新，I 代表企业文化。这四个要素主要从管理的层面提出具体要求，橙海战略的六个要素则是从经营层面提出方案要求，生命周期分析是对企业当下所处周期的分析，是点状分析，橙海战略的每个要素则是线状分析。

橙海战略到底有什么意义和价值，到底能够为企业解决什么具体问题，橙海战略与蓝海战略的异同点是什么，我想这才是每个读者真正关心的。我对于高建华先生的《不战而胜》非常认同，就我本人而言，我不赞成零和游戏，你死我活的商业竞争，希望像高先生所说“换个方向就是第一”，更希望像蓝海战略所描述的，能够拥有自己独特的产品、服务，或者为自己寻求小众化市场和客户群体。但实践告诉我们，不是每一个行业都是消费品领域；还有生产资料，不是每一个企业都有庞大的技术研发团队，或者拥有比别人更高的产品研发能力；不是每一个企业都拥有想要就能给的资源匹配，更多的企业恰恰要面对内外资源匮乏的竞争状态。所以，虽然蓝海战略很美好，规避竞争是最好的竞争，现实中，竞争却无处不在。你可以选择不与别人竞争，但你无法选择别人不与你竞争，独善其身在商业领域真的很难做到。就像在高速公路上行车，你可以完全遵守交通规则，不去影响别人，但你无法躲避其他车辆对你造成的困扰和威胁，即使像蓝海战略一样，你只能选择相对不拥挤，却无法选择不拥挤，除非不上路。有时，即使换个方向，也很拥挤。例如，节假日的高速公路经常出现堵车现象，有些人就会选择掉头走国道，但我们忽略了一个现实，高速路上堵车相对容易疏通，因为警察的关注点在这里，而国道堵车就没这么容易了，几乎看不到交警，我经常下车充当交警就证明了这一点。

中国市场学会资深会长高铁生老师指出：21 世纪的竞争已经不是简单的平面竞争，而是立体竞争。“红蓝”仍是平面思维，只有立体思维才能使企业发展空间更加广阔。无论是“红海”中的企业，还是在“蓝海”中的企业，都必须向更高维度谋求发展。

我茅塞顿开。

我相信“橙海”绝非普通之海，而是智慧之海、资源之海、理想之海，它光芒四射，照耀“红海”和“蓝海”之滨，让身处其中的企业家们昂首挺胸，向上生长，走向辉煌。

橙海战略，是以资源激活、资源整合、资源优化为核心的有限资源竞争战略，是所有企业只要想发展就可以普遍运用的战略，是为在困惑、迷茫之中艰难行进的企业指明方向并树立信心的战略。

橙海战略，不仅是一种思维方式，更是一种能力。是在产品同质化、技术空心化状态下，而使企业逐步建立起的一种综合竞争能力，是为众多企业特别是中小企业谋求生存与发展的、基于对资源最大化分享的共生战略，是在激烈竞争下让企业固有资源从有效向高效发展的一种酵素战略。

橙色是危机意识的象征色，橙色也是富含维C的象征。我想和大家分享一个观点：健康身体的前提，不是你的腿力有多强，也不是你的臂力有多强，而是取决于你具备强大的抗应激能力。

是不是拳击手的寿命更长呢？不一定。是不是短跑冠军一定可以活到100岁，也不一定。臂力、腿力只是代表力量，不代表健康。部分运动员的短命也证明这一点。健康的前提是看我们是否具备强大的抗应激能力。怎样才能提高抗应激能力？其实就是让身体的每个细胞发挥应有的作用，否则多余的就长别的东西了。同样，健康发展的企业，必定具有旺盛的生命力。所以对于我们每个企业来说，就要想尽一切办法，塑造活力型企业。

我们每到一个企业做咨询诊断，对企业员工的精神面貌都会特别关注，如果一个企业员工收入还不错，但精神面貌不佳，我想这个企业在文化层面一定出了问题，问题的根源极大可能在老板那里。有企业老板向我抱怨，给员工的工资和福利都很好，但是也没有用，员工敬业精神还是达不到要求，还不如不给那么多。我一听这句话就全明白了，这就好像给鸡吃了好饲料就必须下更大的蛋一样，企业文化在老板眼里，就是赤裸裸的商品化。

为什么选择橙海战略？我们讲蓝海战略是规避竞争，红海战略是直面竞争，橙海战略我们叫活力竞争，简而言之，我们这个企业可以不大，但必须朝气蓬勃。

规避竞争，区间越来越小，各行各业都已经进入抢蛋糕时代，想规避竞争那是不可能的；如果直面竞争，利润又越来越小，甚至有些产品已经没有边际贡献。在这样的前提下，我们必须发起资源竞争，而且是有限资源竞争，把现有资源优势发挥出来，治愈企业的“劣质资源中毒症”。如此一来，就不仅仅是资源释放问题，还有资源派生。员工凝聚力就是资源派生最清洁、最经济的资源！

企业成长不是简单的持久战，而是阶段性螺旋上升，阶段性是模块，螺旋是隐含了势能的必然性上升，万变不离其宗却又今非昔比，橙海战略模型图深谙其中道理。

第四十章

橙海战略精典语录再剖析

橙海战略接近尾声，提出了一些概念，剖析了一些问题，给出了一些方法，列举了一些案例，最终只为按图索骥：橙海战略模型图，简单直白的“三个点”和“三个工具”，即切入点、突破点、引爆点以及导航仪、加速器、弹药库。接下来我摘取一些观点，共同回顾，温故而知新。

（1）所有没有愿景和使命的盈利模式都会局限于财务核算模式，往往是不可持续的。

（2）没有愿景的企业等同于失去约束，就会经常因各种微不足道的诱惑而改变，开始付出各种机会成本，“坚定的选择，成本最低”就是最真切的感悟。

（3）顺势而为既是借势，更是推波助澜，只借不推，势必消减，所以伟大的企业家都是推动历史进步者。

（4）战略最重要的价值不仅是保持边界，而且还需要保持一致。走在人行道上不是战略价值，行人靠右走人行道才是战略的价值。

（5）企业从创业到成就要经历这三大关键点：击中要害部分，必须击穿，在核心位置爆炸。

（6）二次创业的真正作用是改变企业的行为准则，改变考核机制，不是改变敬业精神。

（7）定位从来不是一件快乐的事，时刻面临对当下的否定，面临既得利益的选择与放弃，甚至需要撕下虚荣的面纱。

（8）当一个集体热衷于追求决策绝对论的时候，执行力基本上缺失了，且失败时无人承担责任，进入温和的集体拖延无责状态。

（9）成长相当于变压器，对于积极的员工，会释放最大的潜能，去实现自己的梦想。

（10）不要总惦记招揽人才，却忽略内部人力资源的激活；不要总是企图创新，却对当下产品视而不见。

（11）激活资源的最大利益并非被激活的资源，而是激活资源以及保障资源长期处于激活状态的机制。

（12）企业管理并非制造稳定，而是不断打破平衡。企业成长就是企业不断寻求平衡的过程，平衡是成长的终结。

（13）分散很多情况下并非来自外来压力，恰恰来自外来诱惑。人往往抗压能力较强，而抗诱惑能力普遍较弱，这是人性的弱点。

（14）人们很容易用一个理由说服自己扩张，却很难用十个理由说服自己削减。

（15）企业之间的差距有时并非由当前竞争力决定，却会由不断分散竞争力而形成。

（16）从分散到聚焦，需要经过一场运动式变革，而从聚焦到分散，只需要日积月累。

（17）一个将官不需要枪法有多准，而是知道什么时候开枪。

（18）所有技术分析都是利弊相间，参数的选择也是见仁见智，最重要的决策往往都不是综合分析与判断的结果，恰恰是一票否决的担当与勇气。

（19）当一个企业失去愿景，所拥有的资源必将成为被瓜分的对象。

（20）愿景、胸怀和机会，不仅通过资源可以带来，更是为资源而生。

（21）资源整合是企业战略优化的重要手段，整合就意味着可以放弃自己拥有的、并非企业核心或者并非自己擅长的资源，是取舍思维在企业经营的一次重要实践。

（22）当一个企业停止生长，有成长需求的员工必将择木而栖，人心思奔。

（23）阶段性的突破最容易带来的未必是利润，而是人力资源成长通道和品牌影响力，简称“人品”。

（24）很多企业抓住了突破期，却死在了扩张期，皆因有扩张之心，而无扩张的系统资源。

（25）持续的预期是心态最好的镇静剂，是希望最好的催化剂，是未来最雄壮的战鼓。

（26）对每个企业而言，趋势不明时，气势决定成败。

（27）成长的历程就是建立示范，创模、建模、固模是三部曲。创模是摸索的过程，建模是提炼的过程，固模是升华的过程。固模必须是以文字构建流程，以数字构建标准，以人力资源为载体，三者缺一不可。

（28）显性基因携带者首先一定是企业文化认同者，其次必须是企业文化的践行者，同时必须具备传播与弘扬企业文化的意愿与能力，具备较高的企业管理能力与素质。

（29）高明的企业一定要建立“人力资源先于企业发展”的人力资源理念。

（30）伪问题有的时候不处理比处理更好，不解决比解决更好。

（31）一个成功的企业是一个懂得放弃客户的企业，是一个擅长放弃产品的企业，是一个敢于放弃市场的企业，有所弃必有所得，什么都不放弃的结果是什么都失去。

（32）企业文化的核心是管理者行为，物质文化是给予员工什么，行为文化是管理者要求自己怎么做，制度文化是将管理者能够做到的示范给员工，心往一处想，不断努力兑现企业愿景与使命，就构成企业精神文化。

（33）当一个企业开始潜心为行业培养人才的时候，代表这个企业的引爆点已经不再是一个点，而是一串烟花，依次绽放。

（34）企业经营从某种程度上就是参与竞争，所谓规避竞争也是参与未来的竞争。

（35）资源优化的过程，就是资源升级的过程。

（36）21 世纪的竞争已经不是简单的平面竞争，而是立体竞争。“红蓝”仍是平面思维，只有立体思维才能使企业发展空间更加广阔。无论是“红海”中的企业，还是在“蓝海”中的企业，都必须向更高维度谋求发展。

第四十一章

橙海战略引发的精彩独白

从最初对于辅音国际战略的深度思考，到橙海战略模型图的构建，到橙海战略落地辅导班的推出，橙海战略理论体系才逐步完善，这个过程既有必然性，又有偶然性。最初只是基于辅音国际成长的困惑，加上自己内心的不甘，特别是过了不惑之年，一个曾经怀揣梦想的青年难道就这样默默无闻？焦虑一直伴随我，虽然我笑脸迎风，内心却是一些惶恐、一些悲悯。1987年我在读大三时就写出了《我的中国梦》，1988年我南下深圳写出了《年轻去流浪》，十年跨国顶级企业的人生阅历，作为中国改革开放后第一批财经记者，可以说是踌躇满志，但理想很丰满，现实很骨感，而这种骨感的雕刻者正是自己。在2013年，辅音国际已经在管理咨询行业独树一帜，其实危机四伏，这一危机已经不是个人的危机，而是企业的愿景、团队的未来，成长似乎很迷茫、很无力，未来扑朔迷离。

2003年创办辅音咨询，我从不怀疑自己最初的选择，虽然可能丧失其他成长的机会，咨询毕竟为我所爱，但辅音国际第一个十年发展让我自省。

因为咨询的便利，我们可以了解更多企业成长故事，有时也参与其中。

因为咨询的需要，我们必须研究行业优秀企业以及盛极而衰的企业，大成大败让我如饥似渴，往往来不及分享成功的喜悦，失败的阴影却像一根根竹签，迎面而来，插向辅音国际。

我反复比对，有时彻夜难眠。从最初恍惚的若干个点，到切入点、突破点、引爆点三点一线，仿佛我端坐在佛像前，三盏长明灯忽隐忽现，点亮我的思想，一起燃烧，我苦苦思索：点，从何而来？将去何方？

人为什么可以长途跋涉，因为有两条腿可以重复摆动，左脚一步，右脚一步完成一个小周期，不断重复小周期，万水千山就在脚下。这个小周期其实就是三个点，简单到极致就创造奇迹。

世上没有无缘无故的成功，也没有无缘无故的失败。即使人们认为有些不该成功的企业成功了，只能说我们对信息的了解太少。所谓运气，仔细分析就是抓住了关键点，因为机会是客观存在的，要么你没有看到，要么你没有抓住，别说你不屑，而是没有准备好。千万不要感慨不如你的人成功了，调侃一下可以，如果你真的这样认为，只能说你想多了，要么喝多了。

何谓有缘有故？就是逻辑和路径。逻辑是设计的，路径是践行的，想和做的统一，就是成功模型，我需要一个模型，来开辟辅音国际未来成长之路。

研究了很多战略理论，觉得都很好，也设计了几个课程，总感觉是在培养管理研究生，而市场需要的是 EMBA。我有过成功的职业经理人经历，带领不同企业闯过不同的难关，可圈可点，虽没有分享太多成功的喜悦，但获得了追赶成功的感悟，成功的要素一串串浮现在眼前，挥之不去。企业，就是以经营参与竞争，或者说企业在竞争中力求胜出的一系列活动，就是企业经营。围绕经营与竞争的一切思考都是有价值的，我需要探索经营与竞争的关键要素，从这些大成大败的企业身上提炼闪光点，无论是启明星，还是流星，都一样灿烂，只是闪耀的时间长短而已。我尝试从围棋和象棋中寻找灵感，我对围棋充满敬畏，因为象棋每个子都是有身份的，相当于标注了学历和专业；而围棋每个子毫无差别，所有价值是你赋予的，且价值在尘埃落定之前只有虚无，围棋更接近于现代企业经营与管理，有形、无形交织在一起，一切只在空间转化。围棋的“急所”道出了经营的真谛，关键点管理是企业长盛不衰的要诀。围棋棋盘纵横交错，像夜空一样笼罩着我，忽明忽暗，我忽然怀念起小时候在夏日里露天睡觉的那份惬意：仰望星空，天作棋盘星作子，哪个敢下？

何以解忧？唯有坐标，坐标懂得我的心。以经营为横坐标，以竞争为纵坐标，当坐标嵌入围棋盘，我像被电流击中，刹那间顿悟：点，从经营来，向管理去。经营三要素与管理三要素相映成趣，构成切入点、突破点、引爆点。三个点构成的线段被喜鹊衔上夜空，搭成鹊桥，银河被贯通，就在此时：我，醒来了！

附录

中流击水，奋楫者进

辅音国际董事长　赵明（演讲录音整理）

尊敬的各位来宾，大家中午好！

年会即将结束，无论是学习还是事业，能够坚持到最后的人，更容易基业长青。我今天要分享的主题是：中流击水，奋楫者进。

今年是我从事农牧行业 30 年，以前经常说挥洒青春，接下来还要干 20 年，可以说死不改悔、奋斗终生。一生只从事一个行业，发生在我身上，不知道是笑话还是神话，希望是一段佳话。

2018 年多事之秋，所有行业都找不到避风港，农业是相对不太剧烈的一个行业，但同样面临巨变。越是在这样一个大环境下，预见未来就更加有意义。

一、预见未来

预见未来，就是预见未来国家、未来“三农”、未来行业，如图 1 所示。

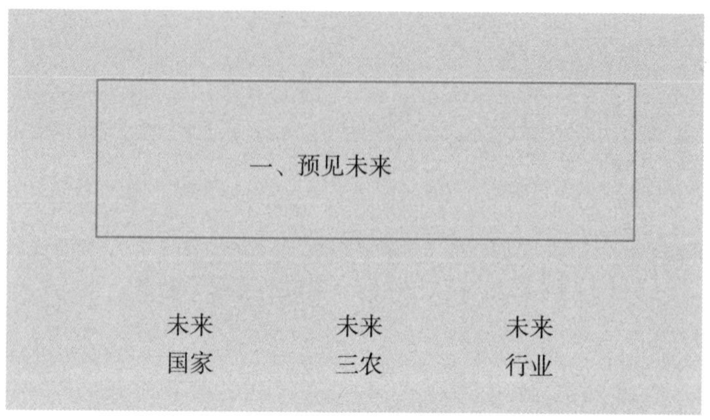

图 1　预见未来

今年是改革开放 40 年，巨大成就已震惊世界，无须多说。在成就之下我们也遇到很多现实问题，钢铁般的城市就在我们面前，上海，世界的中心。有阳光的地方就有阴影，在钢铁之下，人们同样面临如钢铁一样冷酷的现实：中年人的现在在哪里？年轻人的未来在哪里？一个承载无限理想的地方，是否也可以承载无限的幸福生活？这是我们必须思考的现实，这一切将改变中国大农业。

过去 40 年城市繁荣，其实城市已经超载，甚至不堪重负，可以说，黑云压城，中国所有大危机都在城市，无论政治、经济和民生。这些年来我一直在思考这个问题，从年轻人的角度思考，在城市如何成家立业？如何以尴尬的收入去维持上有老、下有小的城市高消费生活？从来自农村进城务工的群体思考，在城市如何养老、安度晚年，或者魂归何处？即使是中产阶级，在城市又如何去寻求一块安静之地，让自己越来越长的生命享受幸福祥和的生活？答案是：太难！如何化解？

去年年会我在演讲中提出：中国梦，催生慢生活。第三产业的腾飞必须让生活慢下来，慢生活，必然从城市辐射到农村。很荣幸的是，2018 年 1 月，习近平主席明确提出来：城镇化和逆城镇化必须齐头并进，验证了我的预判。9 月 21 日，习近平主席又一次做出指示，特别强调：要突出抓好农民合作社和家庭农场两类农业经营主体发展，赋予双层经营体制新的内涵，不断提高农业经营效率。众所周知，辅音国际联合北京农合自 2015 年就开始在全国范围大力推进现代农业合作社，2017 年大力推进种养结合一体化家庭农场发展，2018 年在饲动联盟沙龙上，首次提出合作社 1.0、2.0、3.0 模式，致力于实现种、养、加、商一体化，成立以家庭农场和家庭农庄分别为主体的合作社联社，将合作社 3.0 确定为合作社模式的最高目标。我们与北农大集团深度合作在中国将军县麻城打造示范基地，推进北农大蛋鸡科技产业园和大音盛晏合作社双平台建设。第三次农村改革大潮必将兴起，未来 30 年乡村振兴是国家政治、经济的必然选择，我们身在其中，必当奋楫向前。

从政治层面，四大自信告诉我们：没有一个最好的模式适合于每一个国家。从经济层面，政府已经充分意识到实体经济和民营经济是经济发展不可缺少的重要部分；从民生层面，解决温饱问题的普罗大众，不仅需要生存空间，更需要幸福指数，而这一切仅靠城市发展已经远远不能满足其需要。

我认真地研读了《乡村振兴战略规划（2018—2022）》，从战略层面，的确高屋建瓴。乡村兴则国家兴，乡村衰则国家衰，提出这一句话的人可以说参透了“三农”发展的真谛。经营战略离不开趋势，趋势离不开国家战略，今天我们在这里，如果不能以此来确定企业战略，就会错过发展的黄金时期。如何才能乡村振兴？这些年国家在“三农”发展上可以说投入巨大，而获得很少，为什么？其实并不是真正的缺钱，而是缺能够把钱用好的、把事做好的人才。几十年农村人才的流失触目惊心，虽然国家也推出了大学生村官计划和一村一个大学生计划，毕竟杯水车薪。乡村振兴急需人才！人才从何而来？无非四个途径：一是人才回归，二是人才引进。这两个途径都需要产业做支撑，而农村恰恰缺乏产业，这本身就是短板。三是人才培养。政府年年投入，虽然有一定成效，但与期望值相距甚远，缺乏培养体系，缺乏教练团队，象征性远大于实际结果。四是人才嫁接。就是龙头企业在发展自己的同时，为行业输送科技和实战型人才。这一部分人才，劳资关系属于企业，工作性质均在农业生产一线，科技人员、市场人员、营销人员、服务人员等，既为各生产环节提供技术保障，更重要的是成为科技辅导员或者教练，带动农民成长为有思维高度、有专业技能、有基本管理素质的新型职业农民。这一部分，政府并不需要投入任何人力、财力。就目前而言，政府应该大力鼓励龙头企业加大基层人员投入力度，对龙头企业出台系列人才支持政策比单一的政府培养更具实效，这恰恰是我们在座企业的机会，我们完全可以担当，当我们意识到，而且得到政府支持的时候，我们对于人才的培养体系建设将更有前瞻性、战略性。

乡村振兴如何吸引人才？依靠事业平台、商业模式、金融投资。事业平台 = 合作联社 + 家庭农场 + 家庭农庄；商业模式 = 龙头企业 + 农特产品 + 农耕文化；金融投资 = 产业资本 + 社会资本 + 精准扶贫。我想每个企业家都能从这里找到自己的优势，也更加明确企业未来的发力点。我们不追求面面俱到，但必须有特色，即使从一点开始，积少成多，终能成就。但现实中，有太多的企业并没有意识到，在这些要素里究竟应该打造什么。

我们经过大量市场调查和实践探索发现，现代农业的关键节点在于农特产品销售平台建设。农特产品的生产并不是问题，甚至成本也不是问题，批量可持续销售才是根本问题。农特产品销售平台建设的关键节点有：品控 + 物流 + 品牌。大家就会发现我们现在缺什么。我们现在似乎只有物流，而品控和品牌几乎完全缺失，这恰恰是农特产品营销的命脉：品质与品质保障。我们一直强调，品质保障比品质更重要。缺少这两点，就无法形成固定的消费群体，更无法形成成片连线的消费群体，导致农特产品全线皆危，不敢继续加大投入，或者即使投入也看不到可观的收益，这对行业发展来说是极为不利的。

从生产角度来看，农特产品生产关键节点在于种养结合，我们从未像今天这样期待种养结合一体化的快速融合与发展。种养结合对于中国农业当下的重要性超过任何时期，战略效益突出表现在资源优化、生态循环、环境友好；当农特产品大力发展，产生溢价效应的时候，养殖企业的畜禽粪便作为污染源的历史将被彻底改写，包括种植业目前普遍存在的秸秆问题也会得到极大的缓解，化肥使用量将大幅减少，对农药和除草剂的依赖将大幅度下降，生态循环和环境友好才会真正实现，养殖业依然是受欢迎、受尊重的行业，担负着乡村振兴的重任。

基于以上阐述，中国大农业的未来呈现巨大的发展机会，当然这个机会不会唾手可得，需要全行业的仁人志士一起努力，具体体现在农特产品需求力、田园生活向往力和农耕文明创造力。这三力是客观存在的，只是还需要引导、挖掘、创造、满足，无限风光就在不远的地方，看不见但决定我们的未来。所以，未来农业企业发展的机会取决于拥有多少客户组织平台，建设农特产品销售平台以及链接多少三方服务平台。

各位企业家朋友，未来企业发展的机会已经不再是拥有多少客户，不再是拥有多少经销商，不再是拥有多少服务团队，而是组织、平台、融合与协作。所以，今天在这里，既是预测也是呼吁：驱动农特产品需求，爆发行业无限商机！

二、遇见未来

遇见未来，包括愿景、使命、战略，如图 2 所示。

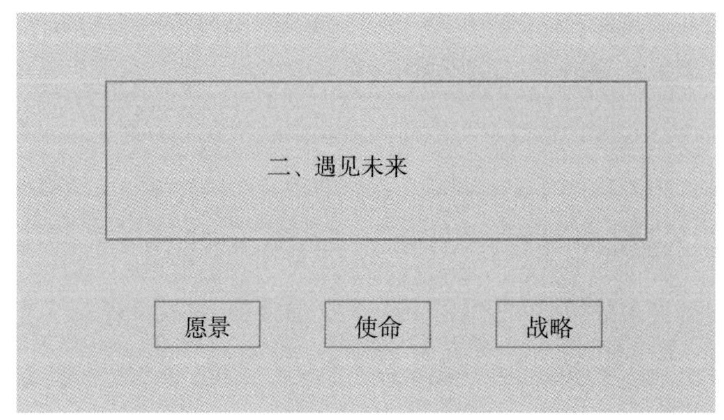

图 2　遇见未来

以上是我对未来的预判，如果预测是对的，接下来我们开始探讨下一篇：如何抓住机会，遇见未来。直白地说：就是这场乡村振兴的盛宴，我们既是创造者，也是分享者。

我们先来反省社会现象：社会从未如此狂躁不安，特别是近一两年来，老板不知该如何决策，员工不知该如何工作，人们不知该如何生活，社会的每个层面都缺乏安全感、成就感。根源在于自己，也在于社会。今天我想谈谈几种不同的遇见：第一类为偶遇，就是机会主义；第二类为巧遇，就是集功利主义之大成。数十年以来，偶遇、巧遇盛行，投机取巧、巧取豪夺、夺人所爱……，价值观颠覆，世界观颠倒，人生观倾覆，终于我们等到这一天，开始拨乱反正，弘扬传统文化，回归传统道德。所以我们进入真正的机遇期：创造一切机会，只为遇见未来。

如何才能遇见未来？国家经济进入深水区，行业无法例外。越是水深的地方，岸的方向越重要。“岸的方向”将成为新的核心竞争力。岸的方向即未来的方向。今天在这里我们一起探讨，就是期待我们能够看清岸的方向。这是企业战略的核心，与岸的方向是否一致，决定企业核心竞争力，绝非简单的科技创新与管理创新，也绝非简单的经营转型与管理升级。最好的遇见不是相向而行，是在遇见的方向一路同行，这一种遇见代表在同一方向彼此赶超，一往无前。遇见未来有三大核心，我想表达的是，我们必须改变固有的意识形态，从拥有到参与，从圆周到圆心，从竞争到协作。不要独占风景，要做最美风景的一部分；不求独霸天空，要做闪亮的那颗星星；不去巧取豪夺，而是实现同一个梦想，并肩前行。做画中画、心上心、肩并肩，能够以这样一种情境去开拓未来，未来将更加美好而祥和。

当企业与行业、行业与国家战略同频共振时，发展最快。所以，不管我们遇到什么困难，我们一定要仔细观察与分析，任何企业与组织，在不同阶段都会遭遇不同的价值稀缺困境，也就是实现战略的关键节点。不要有任何畏难情绪，更不要自暴自弃，而是主动介入，寻求合适的解决方案。积极展开合作，直击战略核心：战略核心不是基于企业自身优势，而是基于是否符合行业，是否与大趋势同频共振，不要做无谓的努力，那么你的企业只能苟延残喘。

所有的变化，都预示着新机会，变化越大，创新机会就越大。我们已经走进传统农业分裂新时代。传统农业已经面目全非，取而代之的是四大类型：大型规模集约化生产的工业化农业、种养结合家庭农场类的特色型农业、家庭农庄庭院经济类的消费型农业和农耕体验吃苦怀旧类的服务型农业。我们必须意识到，这些变化正在发生或即将发生，这些变化让有远见的企业家从中发现未来企业发展的价值点。价值的稀缺性越大，价值点的叠加性越大，企业获取价值的空间就越大。

行业发展到今天，变得更加成熟和理性，在揭开一层层面纱之后，我们发现，真实的需求露出了真容，企业不能停留在满足客户的需求上，而是应该更好地去理解客户的客户。当企业从这个层面去思考战略时，将更接近竞争的本质：竞争的本质不是简单地满足客户，而是成就客户，产品不能成就客户，能够成就客户的一定是系统解决方案，营销升级理所当然。

我们对行业要有客观认识，我认为饲料行业已经进入逆周期。何为逆周期？就是行业发展杠杆效应丧失。20 年前，100 万元办饲料厂，可以操作 500 万元的营业额；2018 年，3000 万元办饲料厂，只能操作 2000 万元营业额甚至更少。这就是逆周期效应。按照产业链利益延伸逻辑，本来养殖行业进入顺周期，遗憾的是遭遇世界经济逆周期，使得养殖顺周期效应大大递减。

新的产业生成大势所趋。如何参与产业机会？传统的观念是，每个创业者都要拥有自己完整的产业，即“产＋业”，我相信这个观念将会被颠覆。产与业的协作体更有利于产业发展，我们需要改变有恒产者有恒心的观念，而倡导有恒业者有恒心，这个观念的改变将带来万亿级市场空间，乡村振兴将成为并不遥远的现实。我坚信，未来最大的价值创造不是分享，是协作，而且在协作中产生的快乐情绪与成就体验本身就是可以传递的价值，协作会让行业生态迈向和谐时代，因为协作，我们发现竞争对手的性质将发生改变：要么是今天的朋友，要么是明天的朋友，对立、消耗性竞争将难以为继。所以，偶遇和巧遇时代已经过去，所有的侥幸和巧取豪夺只会让企业走向深渊。

三、上半场：竞争

行业发展的上半场，是竞争。关注产品、服务与价值，如图 3 所示。

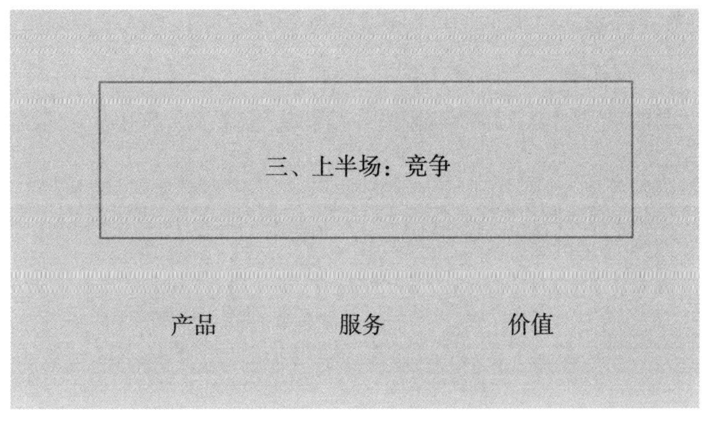

图 3　上半场：竞争

行业发展已经走完上半场，上半场的主旋律是竞争，竞争的载体包含产品、服务和价值。今天我不想谈过去竞争的壮阔与惨烈，我只想思考竞争格局的改变。未来的竞争必将超越输出产品、服务与资金，我们将面临一个“想象力构建商业模式，组织者创造商业价值”时代，“想象”与“组织”成为新的关键词。

在一个无限连接的世界，系统的升级和迭代，只适合想象力卓越的人，他们最终将获得商业统治权。理解力只能解决生存问题，因为理解的同时世界在发生变化，所以我们要学会与智慧者同在，只需行动，莫求理解，而组织的智慧大于个人，卓越型的组织将成为新的商业领袖。

我们还会面临以下观念的挑战：

（1）真正的竞争力，不是你自己感觉好，而是没有你，所有合作者的状况都会变得更差。

（2）大数据只能提供概率，而多数决策与概率无关，特别是在大数据普及程度越来越高的情形下，事情往往会朝着相反的方向发展。

（3）体验经济时代，消费品本质上都是气球，一个针孔就能全部破裂。

（4）只有听才有声音，否则只有振动。很多事情本来与你无关，只因你参与其中，就像微信群，你若不在其中，便与你无关。按下删除键，世界就变得安静。

（5）体验质量的提升，不体现为单点的改进，而是所有体验点之间的一致性，不能互相矛盾。

（6）所有基于客户的改变，少就是多。不是内容越多越好，而是能够将一个内容成功转化。

（7）所有智慧的决策，不是妥协，而是理解对方。

（8）如果我们过多关注对手，就会疏忽客户，因为80%的对手都不是为客户价值而存在。

（9）比知识更重要的，是形成知识的思维方式，所以知识并不能改变命运，而形成知识的思维方式才能改变命运。

四、下半场：非攻

行业发展的下半场，是非攻。其内容是企业梦、产业梦与中国梦，如图4所示。

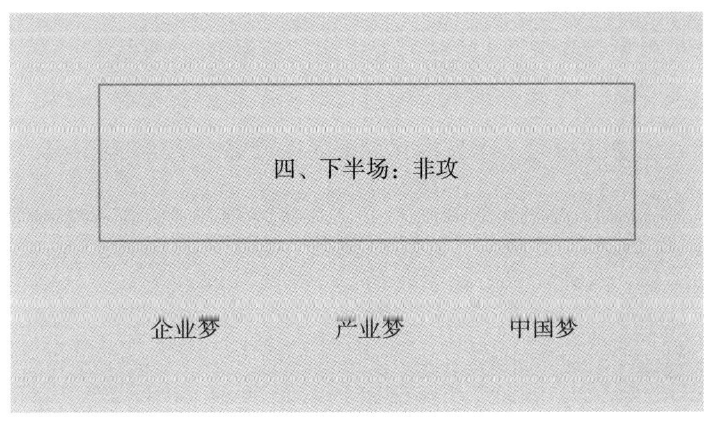

图4 下半场：非攻

我想和大家一起探讨行业发展的下半场：非攻。大家对这个名词都很熟悉，来自墨子。或许很多人不以为意，但是当习近平主席提出中国梦的这一天开始，我们的梦想篇，无论企业梦、产业梦、中国梦，其实梦出一处。所以，企业发展决胜的下半场，将不在于“决”，而在于“胜”，在于“知止”。已经过去的上半场竞争是追求无限多、无限快、无止境、无克制，下半场的竞争一定会改变，而倾向于有限多、有限快、有边界、有节制，当浮华退去，我们开始追求稳健、祥和与平实。深陷“红海”之中，想做到这点实属不易，今天不详谈“橙海战略”，谈超脱和超越。如何实施？只有扎根、渗透与融合。

我们要坚定地在客观中寻找方向。生长和消亡是客观规律，真正的危险是单一生态：只有消亡没有生长，或只有生长没有消亡。智能化一定会带来相关领域的失业，否则智能化就错了。失业并不代表淘汰，而是劳动力再分配、再提高，对个体而言，失业不是从业的终结，而是新的开始。

企业当下需要的恰恰是升级自身装备，提升客户需求。在一定时期内，对企业最重要的资源将不再是客户，而是第三方。当第三方成为资源，就像游戏里的装备，武功升级不是通过苦练而获得，只需要升级装备。未来第三方的特征，一定会走向精细化、专业化，专业专注才能匹配日益发展的产业。将来企业的竞争力已经不再是不断改变产品，而是不断提升客户对成长的需求，锻造客户会让企业获得飞跃式发展。

改革开放 40 年，中国经济获得大幅度提升，中国人从穷怕了到富起来，变得越来越自信，我们要充分认识到，自信会颠覆需求，需求改变商业。

当下的很多现实需求，是基于怕被别人看不起。当中国人越来越自信，真实需求就会发生翻天覆地的变化。让自己开心与给别人添堵，天平开始向前者倾斜。人们在生活中不再盲目追求成功，而是学会享受自我。

我们应该迎接智能化时代，可重复、无乐趣的工作更适合 AI，人类应该去做更多不需要考虑效率的事，包括吃苦和享受。更多发挥创造力，甚至不用考虑正确性，让创造迸发乐趣，追求丰富多彩的生活。

我们将进入一个新游牧民族时代，真正做到随遇而安：你到哪儿，都已经为你安排了一个你需要的环境，你需要的一切都跟随你走动。

五、中流击水，奋楫者进

中流击水，奋楫者进。问道、知耻而奋进，如图 5 所示。

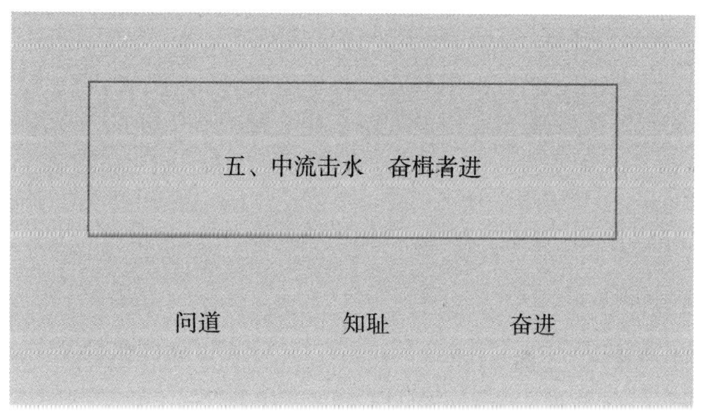

图 5　中流击水，奋楫者进

道可道，非常道。我们正处在这样一个历史时期：没有一劳永逸，只有一如既往；没有一成不变，只有一往无前；没有一锤定音，只有一线生机；没有一网打尽，只有一路同行。

中流击水，靠的不全是体力，也不是匹夫之勇，而是智慧与判断。智慧表现在选择进退上，而判断是选择往哪个方向进退。

事物的本质总是出乎我们的意料，我们经常会质疑一些现象，却往往忽视，我们看到的问题恰恰是别人眼中的解决方案。这个观点解释了很多困惑，部分企业采取的低价格策略、人海战术、资金赊欠，甚至有些企业采取制假、套牌等，我们认为的问题，恰恰是对方克服不了自身致命的缺陷而采用的解决方案。了解这一点，就知道我们不少企业针对市场所采取的策略是多么的愚蠢。

行到中流，自知者英，自胜者雄。有一种失败叫懂得太多，有一种成功叫自以为成功，有一种谦虚叫真的不懂，有一种孤独叫自力更生。在国家战略层面，国计民生必须具备自力更生的能力，但在企业层面，自力更生不是最好的生态，我们要拥抱协作与共享时代。

变革已经不是我们的选项，我们的选项是如何变革。变革不缺方法，而是高层缺乏决心，中层本能抵触，基层选择观望，这是目前大多数变革企业所面临的困境，而且如出一辙。我们现处在国民经济空档期、行业空档期，容不得我们拖延与等待。从需求侧到供给侧，从低端产品到智能制造，从人口红利到技术红利，转换之间必有空档，行业也会出现四大空档期：一是战略空档。单一产业与产业链延伸。二是客户空档。

规模化养殖与家庭农场。三是人才空档。渠道管理与大客户营销。四是服务空档。技术服务中心与合作社。谁抓住空档期，谁拥有黄金期。空档期管理相当于母猪空怀期管理，其重要性无须多言，领导层对空档期的态度决定企业变革终极成败。企业变革失败，责任在领导，但经常殃及无辜。所有变革都有起势、相持、转势三个关键环节，多数失败并不在最后，而是在相持阶段。相持阶段不是最难的阶段，却是最复杂的阶段，其复杂性在于每个人开始基于自身利益的纠缠，并见风使舵，如果此时董事长迟疑不决，必有一部分人开始迎合董事长，使董事长陷入无限正确的光环与陷阱而放弃变革。2015 年辅音国际启动推进合作社，经过半年的实践遇到很多困惑，这个关键时刻，我在公司明确表态：坚定不移地推进合作社，做错了，我作为董事长承担一切责任，做不好，你们作为执行层，承担一切责任。

各位企业家，我们陪伴这个行业走到今天，即使再大的困难我们情怀依旧。同时，击水到中流，方知无路可退，就像人到中年，站在半山，看到的不是风景，而是一份沉甸甸的责任。有一种爱，叫生成爱的爱；有一种责任，叫生成责任的责任；有一种梦想，叫生成梦想的梦想。换言之，爱来自爱能，责任来自责任性，梦想来自梦想力。让我们激活梦想力，和大农业一起，成就人生梦想！谢谢！

后记

非常感谢各位读者耐心地读到最后，我们开设了多期橙海战略落地研习班，现场安排了模拟实操演练，结果令人欣慰和鼓舞。我用“橙海战略”验证了数十家比较了解的企业的成长历程，能很快发现这些企业的经营曲线是否准确，为什么突破，或者为什么不能突破，为什么多数企业都没有引爆点，为什么有的企业忽然偃旗息鼓。我用“橙海战略”对标辅音国际，更坚定了执行企业十年战略，以舍为进，合力图强，人才螺旋，聚优升华。

感谢中国市场学会资深会长高铁生老师的点化和斧正，感谢我的好朋友金卫东董事长和路长全老师精心作序，感谢布谷联盟团队的默默支持。

谨以此书献给历经磨难、坚韧不拔的企业家们。

赵明

二〇一九年八月